孙子兵法

卷一

[春秋] 孙武 著
李楠 编译

图书在版编目（CIP）数据

孙子兵法/ [春秋] 孙武著，李楠编译. — 北京：北京工艺美术出版社，2019.5（2023.5重印）
（品读经典：双色线装）
ISBN 978-7-5140-1598-0

Ⅰ.①孙… Ⅱ.①孙…②李… Ⅲ.①兵法-中国-春秋时代 Ⅳ.①E892.25

中国版本图书馆CIP数据核字（2018）第212449号

出 版 人：陈高潮
责任编辑：张怀林
装帧设计：书心瞬意 杨晓方
责任印制：王 卓
法律顾问：北京恒理律师事务所
　　　　　丁 玲　张馨瑜

出　版	北京工艺美术出版社
发　行	北京美联京工图书有限公司
地　址	北京市西城区北三环中路6号京版大厦B座702室
邮　编	100124
电　话	（010）84255105（总编室） （010）58572878（编辑室） （010）64280045/84255105（发　行）
传　真	（010）64280045
网　址	www.gmcbs.cn
经　销	全国新华书店
印　刷	唐山楠萍印务有限公司
开　本	889毫米×1194毫米 1/16
印　张	40
版　次	2019年5月第1版
印　次	2023年5月第2次印刷
印　数	3001～6000
书　号	ISBN 978-7-5140-1598-0
定　价	380.00元（全四册）

孙子兵法
SUNZI BINGFA

[春秋] 孙武 著 李楠 编译

前言

《孙子兵法》,又称《孙武兵法》,是中国古代最早、最杰出的兵书,被誉为『兵学圣经』『百世兵家之师』。其作者为春秋时期的孙武,被称为『武圣人』,与『文圣』孔子齐名。《孙子兵法》雄视古今军事几千年,是古今军事将领和高官大吏们必读之书。历代兵学家、军事家无不从中汲取养料,用于指导战争实践和发展军事理论。《孙子兵法》不仅是中国的谋略宝库,在世界上也久负盛名。8世纪传入日本,18世纪传入欧洲。现今已翻译成几十种文字,在世界上广为流传。它所阐述的谋略思想和哲学思想,被广泛地运用于军事、政治、经济等领域。其内容博大精深,思想精邃富赡,逻辑缜密严谨。《孙子兵法》有丰富的辩证法思想,书中探讨了与战争有关的一系列矛盾及其转化条件的对立和转化,如敌我、主客、众寡、强弱、攻守、胜败、利患等。《孙子兵法》正是在研究这种种矛盾及其转化的基础上,提出战争的战略和战术的。这当中体现的辩证思想,在中国辩证思维发展史中占有重要地位。《孙子兵法》谈兵论战,集『韬略』『诡道』之大成,被历代军事家广为援用,书中不少计名、典故,在中国也是妇孺皆知。《孙子兵法》缜密的军事、哲学思想体系,深远的哲理,变化无穷的战略战术,常读常新的探讨韵味,在世界军事思想领域也拥有广泛的影响,享有极高的声誉。

本次出版《孙子兵法》(双色线装),在解译原典的基础上,进一步生发开来,集理论分析与实际运用于一体,赋予这部古代兵学圣典以深刻的历史感和鲜明的时代感。运用之妙,存乎一心,希望本书的出版能带给读者更多的启迪。

孙子兵法

目录

卷一

上篇·原典释译 ... 一

- 第一章 计 篇 ... 二
- 第二章 作战篇 ... 一五
- 第三章 谋攻篇 ... 二三
- 第四章 形 篇 ... 三六
- 第五章 势 篇 ... 四四
- 第六章 虚实篇 ... 五三
- 第七章 军争篇 ... 六四
- 第八章 九变篇 ... 七四
- 第九章 行军篇 ... 八一
- 第十章 地形篇 ... 九四
- 第十一章 九地篇 ... 一〇三
- 第十二章 火攻篇 ... 一二一
- 第十三章 用间篇 ... 一二七

下篇·名家阐微

第一章 计篇 ……………………………… 一三六

卷二

一、曹操注《孙子兵法·计篇》 ……………… 一三六
二、杜佑注《孙子兵法·计篇》 ……………… 一三九
三、李筌注《孙子兵法·计篇》 ……………… 一四二
四、杜牧注《孙子兵法·计篇》 ……………… 一四七
五、陈皞注《孙子兵法·计篇》 ……………… 一五三
六、贾林注《孙子兵法·计篇》 ……………… 一五六
七、孟氏注《孙子兵法·计篇》 ……………… 一五八
八、梅尧臣注《孙子兵法·计篇》 …………… 一六一
九、王晳注《孙子兵法·计篇》 ……………… 一六五

第二章 作战篇 …………………………… 一七〇

一、曹操注《孙子兵法·作战篇》 …………… 一七〇
二、杜佑注《孙子兵法·作战篇》 …………… 一七二
三、李筌注《孙子兵法·作战篇》 …………… 一七四
四、杜牧注《孙子兵法·作战篇》 …………… 一七六
五、陈皞注《孙子兵法·作战篇》 …………… 一七九

六、贾林注《孙子兵法·作战篇》 一八一

七、孟氏注《孙子兵法·作战篇》 一八二

八、梅尧臣注《孙子兵法·作战篇》 一八四

九、王晳注《孙子兵法·作战篇》 一八七

第三章 谋攻篇 一九〇

一、曹操注《孙子兵法·谋攻篇》 一九〇

二、杜佑注《孙子兵法·谋攻篇》 一九三

三、李筌注《孙子兵法·谋攻篇》 一九七

四、杜牧注《孙子兵法·谋攻篇》 二〇一

五、陈皞注《孙子兵法·谋攻篇》 二〇七

六、贾林注《孙子兵法·谋攻篇》 二〇九

七、孟氏注《孙子兵法·谋攻篇》 二一二

八、梅尧臣注《孙子兵法·谋攻篇》 二一四

九、王晳注《孙子兵法·谋攻篇》 二一八

第四章 形 篇 二二二

一、曹操注《孙子兵法·形篇》 二二三

二、杜佑注《孙子兵法·形篇》 二二四

三、李筌注《孙子兵法·形篇》 二二七

四、杜牧注《孙子兵法·形篇》……二三〇
五、陈皞注《孙子兵法·形篇》……二三三
六、贾林注《孙子兵法·形篇》……二三五
七、孟氏注《孙子兵法·形篇》……二三七
八、梅尧臣注《孙子兵法·形篇》……二三九
九、王晳注《孙子兵法·形篇》……二四二
十、何延锡注《孙子兵法·形篇》……二四四

第五章 势篇 ……二四八

一、曹操注《孙子兵法·势篇》……二四八
二、杜佑注《孙子兵法·势篇》……二五〇
三、李筌注《孙子兵法·势篇》……二五二
四、杜牧注《孙子兵法·势篇》……二五六
五、陈皞注《孙子兵法·势篇》……二六〇
六、贾林注《孙子兵法·势篇》……二六二
七、孟氏注《孙子兵法·势篇》……二六四
八、梅尧臣注《孙子兵法·势篇》……二六六
九、王晳注《孙子兵法·势篇》……二六九

第六章 虚实篇 ... 二七二

一、曹操注《孙子兵法·虚实篇》... 二七二
二、杜佑注《孙子兵法·虚实篇》... 二七五
三、李筌注《孙子兵法·虚实篇》... 二七九
四、杜牧注《孙子兵法·虚实篇》... 二八三
五、陈皞注《孙子兵法·虚实篇》... 二九〇
六、贾林注《孙子兵法·虚实篇》... 二九三
七、孟氏注《孙子兵法·虚实篇》... 二九六
八、梅尧臣注《孙子兵法·虚实篇》... 二九九
九、王晳注《孙子兵法·虚实篇》... 三〇五
十、何延锡注《孙子兵法·虚实篇》... 三〇九

卷三

第七章 军争篇 ... 三一五

一、曹操注《孙子兵法·军争篇》... 三一五
二、杜佑注《孙子兵法·军争篇》... 三一九
三、李筌注《孙子兵法·军争篇》... 三二三
四、杜牧注《孙子兵法·军争篇》... 三二七
五、陈皞注《孙子兵法·军争篇》... 三三四

六、贾林注《孙子兵法·军争篇》 ……………………………… 三三七
七、孟氏注《孙子兵法·军争篇》 ……………………………… 三四一
八、梅尧臣注《孙子兵法·军争篇》 …………………………… 三四四
九、王晳注《孙子兵法·军争篇》 ……………………………… 三四八
十、何延锡注《孙子兵法·军争篇》 …………………………… 三五三
十一、张预注《孙子兵法·军争篇》 …………………………… 三六一

第八章　九变篇 ………………………………………………… 三六九

一、曹操注《孙子兵法·九变篇》 ……………………………… 三六九
二、杜佑注《孙子兵法·九变篇》 ……………………………… 三七一
三、李筌注《孙子兵法·九变篇》 ……………………………… 三七三
四、杜牧注《孙子兵法·九变篇》 ……………………………… 三七六
五、陈皞注《孙子兵法·九变篇》 ……………………………… 三七九
六、贾林注《孙子兵法·九变篇》 ……………………………… 三八一
七、孟氏注《孙子兵法·九变篇》 ……………………………… 三八四
八、梅尧臣注《孙子兵法·九变篇》 …………………………… 三八五
九、王晳注《孙子兵法·九变篇》 ……………………………… 三八八
十、何延锡注《孙子兵法·九变篇》 …………………………… 三九一

第九章 行军篇 ... 三九四

一、曹操注《孙子兵法·行军篇》 ... 三九四
二、杜佑注《孙子兵法·行军篇》 ... 三九九
三、李筌注《孙子兵法·行军篇》 ... 四〇四
四、杜牧注《孙子兵法·行军篇》 ... 四〇九
五、陈皞注《孙子兵法·行军篇》 ... 四一六
六、贾林注《孙子兵法·行军篇》 ... 四二一
七、孟氏注《孙子兵法·行军篇》 ... 四二六
八、梅尧臣注《孙子兵法·行军篇》 ... 四三〇
九、王晳注《孙子兵法·行军篇》 ... 四三七
十、何延锡注《孙子兵法·行军篇》 ... 四四三
十一、张预注《孙子兵法·行军篇》 ... 四四七

卷四

第十章 地形篇 ... 四五七

一、曹操注《孙子兵法·地形篇》 ... 四五七
二、杜佑注《孙子兵法·地形篇》 ... 四五九
三、李筌注《孙子兵法·地形篇》 ... 四六三
四、杜牧注《孙子兵法·地形篇》 ... 四六五

五、陈皞注《孙子兵法·地形篇》 四七〇

六、贾林注《孙子兵法·地形篇》 四七二

七、孟氏注《孙子兵法·地形篇》 四七五

八、梅尧臣注《孙子兵法·地形篇》 四七七

九、王皙注《孙子兵法·地形篇》 四八〇

十、何延锡注《孙子兵法·地形篇》 四八四

第十一章 九地篇 四八七

一、曹操注《孙子兵法·九地篇》 四八七

二、杜佑注《孙子兵法·九地篇》 四九四

三、李筌注《孙子兵法·九地篇》 五〇〇

四、杜牧注《孙子兵法·九地篇》 五〇八

五、陈皞注《孙子兵法·九地篇》 五一六

六、贾林注《孙子兵法·九地篇》 五二二

七、孟氏注《孙子兵法·九地篇》 五二八

八、梅尧臣注《孙子兵法·九地篇》 五三三

九、王皙注《孙子兵法·九地篇》 五四三

十、何延锡注《孙子兵法·九地篇》 五五〇

十一、张预注《孙子兵法·九地篇》 五五九

第十二章 火攻篇 … 五七一

一、曹操注《孙子兵法·火攻篇》 … 五七一
二、杜佑注《孙子兵法·火攻篇》 … 五七三
三、李筌注《孙子兵法·火攻篇》 … 五七五
四、杜牧注《孙子兵法·火攻篇》 … 五七七
五、陈暤注《孙子兵法·火攻篇》 … 五八〇
六、贾林注《孙子兵法·火攻篇》 … 五八二
七、梅尧臣注《孙子兵法·火攻篇》 … 五八四
八、王皙注《孙子兵法·火攻篇》 … 五八七
九、何延锡注《孙子兵法·火攻篇》 … 五八九

第十三章 用间篇 … 五九二

一、曹操注《孙子兵法·用间篇》 … 五九二
二、杜佑注《孙子兵法·用间篇》 … 五九四
三、李筌注《孙子兵法·用间篇》 … 五九六
四、杜牧注《孙子兵法·用间篇》 … 五九九
五、陈暤注《孙子兵法·用间篇》 … 六〇三
六、贾林注《孙子兵法·用间篇》 … 六〇六
七、孟氏注《孙子兵法·用间篇》 … 六〇八

八、梅尧臣注《孙子兵法·用间篇》　六〇九

九、王皙注《孙子兵法·用间篇》　六一三

十、何延锡注《孙子兵法·用间篇》　六一五

上篇·原典释译

第一章 计 篇

【原文】

孙子曰：兵者，国之大事①，死生之地，存亡之道②，不可不察也③。

【注释】

① 兵者，国之大事：战争是国家的重大事务。兵，兵器，武器；引申为士兵、军队。此处意为用兵，指战争。《左传·成公十三年》：『国之大事，在祀与戎。』张预注：『国之安危在兵，故讲武练兵，实先务也。』

② 死生之地，存亡之道：战争直接关系着军民的安危和国家的存亡。贾林注：『地，犹所也。亦谓陈师振旅战阵之地，得其利则生，失其便则死。道者，权机立胜之道，得之则存，失之则亡，故曰不可不察也。』

③ 不可不察也：不能不慎重考察，认真研究。察，考察，研究。

【译文】

孙武说：战争是国家的大事，它关系到军民的安危，关系到国家的存亡，是不可不认真考察研究的。

【原文】

故经之以五事，校之以计而索其情①：一曰道，二曰天，三曰地，四曰将，五曰法。道者，令民与上同意也③，故可以与之死，可以与之生，而不畏危④。天者，阴阳、寒暑、时制⑤也。地者，远近、险易、广狭、死生⑥也。将者，智、信、仁、勇、严⑦也。法者，曲制、官道、主用⑧也。凡此五者，将莫不闻⑨。知之者胜，不知者不胜。故校之以计而索其情，曰：主孰有道⑩？将孰有能？天地孰得⑪？法令孰行？兵众孰强？士卒孰练？赏罚孰明？吾以此知胜负矣。

【注释】

① 经之以五事：即要从道、天、地、将、法五个方面分析研究战争。经，衡量，此处指分析、研究。竹简本作『经之以五』。

② 校之以计而索其情：分析比较敌对双方的各种条件，来从中探求战争胜负的情形。校，比较。计，此处指下文所说的『主孰有道』等七计。索，考察，探索。贾林注：『校量彼我之计谋，搜索两军之情实，则长短可知，胜负易见。』

③ 道者，令民与上同意也：在政治条件方面，要使民众与君主的意愿一致。道，此处指政治条件。上，君主，统治者。同意，意愿相同。张预注：『以恩信道义抚众，则三军一心，乐为上用。』

④ 可以与之死，可以与之生，而不畏危：民众能够为君主而出生入死，不害怕危难。杜佑注：『上有仁施，下能致命也，故与处存亡之难，不畏惧于危疑。』

⑤ 阴阳、寒暑、时制：阴阳，指昼夜、晴雨等天时气象的变化。寒暑，指寒冷、炎热的气温差异。时制，指四时季节的更替。杜佑注：『谓顺天行诛，因阴阳四时刚柔之制。』

⑥ 远近、险易、广狭、死生：远近，指战场地形的距离。险易，指作战路程的险要或平坦。广狭，指战地地区的宽广或狭小。死生，指地形条件是否宜于攻守进退。梅尧臣注：『知远近则能为迂直之计，知险易则能审步骑之利，知广狭则能度众寡之用，知死生则能识战散之势也。』汉简本作『地者，高下、广狭、远近、险易、死生也』。

⑦ 智、信、仁、勇、严：指领兵将帅所应当具备的智谋才识。杜牧注：『兵家者流，用智为先。盖智者，能机权识变通也。信者，使人不惑于刑赏也。仁者，爱人悯物，知勤劳也。勇者，决胜乘势，不逡巡也。严者，以威刑肃之军也。』

⑧ 曲制、官道、主用、曲制，关于军队的组织编制及通信联络方面的制度。官道，关于各级将吏的统辖管理等制度。主用，关于军需物资的供应管理制度。梅尧臣注：『曲，部曲队伍分画必有制也。官道，禆校首长统率必有道也。主用，主军之资粮万物必有度也。』

⑨ 将莫不闻：作为将帅，对『五事』都必须有深切的了解。闻，知道，了解。张预注：『言但深晓变极之理则胜，不然则败。』

⑩ 主孰有道：在君主方面，哪一方政治清明治国有方。孰，谁，此处指哪一方。有道，政治清明。杜牧注：『言

孙子兵法

我与敌人之主，谁能远佞亲贤任人不疑也。"

⑪天地孰得：在天时、地利方面，哪一方更占优势。得，获得，拥有。天，亦即上文所指阴阳、寒暑、时制。地，即上文所指远近、险易、广狭、死生。

【译文】

所以，必须从五个方面去分析研究，通过对敌我双方各种条件的比较，来探求战争胜负的规律：一是道，二是天，三是地，四是将，五是法。所谓"道"，就是要使民众与国君的意愿一致，这样，可以使他们在战争中为君主出生入死而不避危难。所谓"天"，是指昼夜阴晴、严寒酷暑、四时季节的变化更替。所谓"地"，是指路程的远近、地势的险要与平坦、作战地域的宽广与狭小、地形条件是否宜于攻守进退。所谓"将"，是指将帅要有智谋才干，赏罚有信，爱抚部下，勇敢果断，军纪严明。所谓"法"，是指军队的组织编制，各级将吏的统辖管理，军用物资的供应。以上五个方面，作为将帅都不能不有深切的了解。对此有深切了解的，就能打胜仗。如没有深切了解的，就不能赢得胜利。因此要通过以下七个方面的分析比较，以探求对战争情势的认识，即：哪一方的国君比较贤明？哪一方的将帅更有才能？哪一方在天时地利方面占据优势？哪一方能切实贯彻执行法令？哪一方的武器装备精良？哪一方的士卒训练有素？哪一方赏罚严明？我们根据这些情况即可推断谁胜谁负。

【原文】

将听吾计①，用之必胜②，留之。将不听吾计，用之必败，去之③。

【注释】

①将听吾计：如果能听从我的计谋。"将"，此处表示假设。另一说，"将"用作名词，意为：将帅们能听从我的计谋。

②用之必胜：作战一定能够取胜。

③去之：去，离去，离开。据陈皞、梅尧臣等注，以上是孙武对吴王阖闾的进言，"以此辞激吴王而求用"。

【原文】

如能听从我的计谋，用兵作战则一定胜利，我就留下。如不能听从我的计谋，用兵作战则必然失败，我就离去。

计利以听①，乃为之势②，以佐其外③。势者，因利而制权也④。

【注释】

① 计利以听：分析敌我双方的利害关系，使国君听从采纳。计利，分析双方的利害条件。杜牧注：『计算利害是军事根本。』

② 乃为之势：然后造成一种有利的军事态势。

③ 以佐其外：作为外在的辅助条件。佐，辅佐、辅助。贾林注：『势者，不可先见，或因敌之害见我之利，或因敌之利见我之害，然后始可制机权而取胜也。』

④ 势者，因利而制权也：所谓势，就是根据有利的态势而采取适当措施。因，根据，利用。制，采取。权，权变，机动。制权，即根据情况采取相应行动。杜牧注：『我乃设奇谲之势以动之外者，或傍攻，或后蹑，以佐正阵。』

【译文】

分析计算双方的利害得失，意见已被采纳，然后造成一种有利的态势，以作为外在的辅助条件。所谓『势』，就是根据有利的条件采取适当的措施。

【原文】

兵者，诡道也①。故能而示之不能②，用而示之不用③，近而示之远，远而示之近④；利而诱之⑤，乱而取之⑥，实而备之⑦，强而避之⑧，怒而挠之⑨，卑而骄之⑩，佚而劳之⑪，亲而离之⑫。攻其无备，出其不意。此兵家之胜，不可先传也⑬。

【注释】

① 兵者，诡道也：用兵作战是一种诡诈的行为。诡，诡谲、诡诈、奇诡。曹操注：『兵无常形，以诡诈为道。』

孙子兵法

② 能而示之不能：有攻或守的能力却故意装作没有能力的样子。能，有能力。示，故意显示。张预注：「实强而示之弱，实勇而示之怯。」

③ 用而示之不用：要采取行动却有意装出不想行动的样子。用，用兵，行动。杜牧注：「此乃诡诈藏形，夫形也者，不可使见于敌，敌人见形必有应。」

④ 近而示之远，远而示之近：本意要进攻近处，却故意装作进攻远处，本意要进攻远处，却故意装作进攻近处。杜牧注：「欲近袭敌，必示以远去之形；欲远袭敌，必示以近进之形。」

⑤ 利而诱之：敌人贪利，就以小利去引诱它。贾林注：「以利动之，动而有形。我所以因形制胜也。」

⑥ 乱而取之：敌人处于混乱状态，则要乘机攻取。杜牧注：「敌有昏乱，可以乘而取之。」另一说，我军故作混乱，引诱敌人上当而乘机攻取，如张预注：「诈为纷乱，诱而取之。」

⑦ 实而备之：如果敌人实力雄厚，应加强防备。陈皞注：「彼性刚忿，则辱之命怒，志气挠惑，

⑧ 强而避之：对于强盛的敌军，应暂时避开它的锋芒。杜牧注：「敌人乘兵强气锐，则当须且回避之，待其衰懈，候其间隙而击之。」

⑨ 怒而挠之：对于易怒的敌人，要设法挑逗激怒它。挠，挑逗。张预注：

⑩ 卑而骄之：卑，怯，此处指胆小、谨慎。敌人如果谨小慎微，就要设法让它疲劳。王晳注：『示卑弱以骄之，彼不虞我，而击其间。』梅尧臣注：『示以卑弱，以骄其心，则不谋而轻进。』

⑪ 佚而劳之：对于休整充分的敌军，要用袭扰等法使它疲劳。佚，通『逸』，安逸。此处指休整充分。

⑫ 亲而离之：对于内部和睦的敌人，要设法加以离间分化。亲，亲近，团结。离，离间。陈皞注：「彼悋爵禄，厚礼以骄敌，乘其无备而攻击。

综观全篇，细玩句意，当以前说为善。

⑬ 此兵家之胜，不可先传也：这是军事家取胜的奥妙所在，不可预先作不变的规定。兵家，军事家。胜，奥妙。此必捐之；彼啬财货，此必轻之；彼好杀罚，此必缓之。因其上下相猜，得行离间之说。」

孙子兵法

【译文】

传,规定,也可解作透露。曹操注:『传,犹泄也。』

用兵是以诡诈作为指导思想的。所以要做到,有攻守能力却装作没有能力,要采取行动却装出不想行动的样子,本意要进攻近处,却装作要进攻远处;本意要进攻远处,却装作要进攻近处。敌人贪利,就以小利去引诱它;敌人处于混乱状态,则应乘机攻取;敌人实力雄厚,应加强防备;对于强盛的敌军,应暂时避开它;对于易怒的敌人,要设法挑逗扰乱它;敌人如谨小慎微,就应设法使它骄傲;敌人如休整充分,要用袭扰等法使它疲劳;敌人如内部团结,要设法加以离间分化。要在敌人无防备的情况下发动进攻,要在敌人意料不到的状态下采取行动。这是军事家取胜的奥妙所在,不可预先作不变的规定。

【原文】

夫未战而庙算①胜者,得算多②也;未战而庙算不胜者,得算少也。多算胜,少算不胜,而况于无算乎③!吾以此观之,胜负见矣。

【注释】

①庙算:古代用兵之前常在庙堂举行会议,商讨作战方略,称之为『庙算』。张预注:『古者兴师命将,必致斋于庙,授以成算,然后遣之,故谓之庙算。』

②得算多:筹划周密,则取胜的条件充分。算,计数用的筹码,此处指取胜的条件。

③多算胜,少算不胜,而况于无算乎:事先预计取胜条件多则可以获胜,取胜条件少则不能获胜,何况不具备取胜的条件呢?张预注:『筹策深远,则其计所得者多,故未战而先胜。谋虑浅近,则其计所得者少,故未战而负。多计胜,少计不胜,其无计者安得无败。』

【译文】

用兵之前通过谋划预计能够取胜的,是由于计算周密,胜利的条件充分;用兵之前预计不能取胜的,是由于计算不周,胜利的条件不充分。计算周密,胜利条件充分的就可以取胜,计算不周,胜利条件不足的就不能取胜,何

孙子兵法

上篇·原典释译

【品读】

《始计篇》是《孙子兵法》的首篇，具有提挈全书的作用。它主要论述通过战略运筹和主观指导能力的分析，以求得对战争胜负的预见。因此，我们要在本篇对孙武许多基本理论及其产生的历史条件作较为详细的介绍。

（一）关于战略运筹

孙武从「慎战」的观点出发，要求对军事问题进行认真的分析研究。他开宗明义就指出：「兵者，国之大事，死生之地，存亡之道，不可不察也。」这一认识，比「国之大事，在祀与戎」（《左传·成公十三年》）前进了一步。此句中「死生之地」、「存亡之道」相对为文，「地」与「道」互文见义，均指手段、方法。这就使我们明确地看出，战争之所以是国家的大事，就在于它既是军队生死搏斗的手段，也是国家存亡攸关的途径。孙武正是从这样的高度来考察战略运筹问题的。

「运筹」是从「算筹」演变而来的。我国古代早就有「算筹」的记载，它是一种直径一厘米，长度约19.8厘米，用竹棍制作的工具。把这种数学上的运筹术引向军事领域，是与战争在时间上、空间上呈现出明显的阶段性和战争过程复杂化紧密联系的。孙武在本篇中所说的「庙算」（即开战以前在庙堂计算出胜负条件的多寡）是关于战争决策方面的分析；孙武在《形篇》第四中又从战场内部的规律着眼，进行了类似于现代所谓战役容量等方面的分析。春秋时代远没有战略、战役、战术等科学概念，为了把孙武的军事运筹思想在不同范围的应用加以区别，因此，我们把本篇「庙算」所包含的内容，称之为「战略运筹」。

孙武的战略运筹有着丰富的内容，包括了敌对双方有关战争胜负的基本因素。用他的话说，就是「经之以五事，校之以计而索其情」。「五事」就是「道、天、地、将、法」，竹简本「五」字下无「事」字，「计」是「五事」的重复，而不是另提新的内容。因为孙武在下文中提出七句设问，曹操称之为「七计」。其实，「经之以五，校之以计」在文法上是互文见义。「五事」与「七计」，为什么是同义的重复，我们在谈到「法」这一「事」时再说。

「五事」之一的「道」，孙子解释说：「道者，令民与上同意也，故可以与之死，可以与之生，而不畏危。」

按其本义，这里的「与上同意」与《谋攻》第三的「上下同意」是同样的意思。《左传·成公六年（公元前585年）》也有人说过「圣人与众同欲，是以济事」。可见，「道」应当是指军队内部与外部的团结与巩固，并不是孙武的发明。《左传·桓公十一年（公元前701年）》所载蒲骚（今湖北应城县西北）之战中，楚国的斗廉就说过：「师克（军队获胜）在和，不在众。」并且以牧野（今河南淇县南）之战为例证，认为周军以少胜多的原因之一就是「和」。「和」就是官兵的团结、内部的巩固。《管子·形势》说：「上下不和，虽安必危。」也是这样的意思。在这个问题上，孙武对于前人认识的发展，在于把这种内部上下团结一致的「道」，放在「天、地、将、法」的首要地位来考虑。他的这个观点，极大地影响了后世的军事学家。《吴子·图国》继承孙武这一思想，具体提出了「四不和」不能出战的主张。它说：「不和于国，不可以出军；不和于军，不可以出阵；不和于阵，不可以进战；不和于战，不可以决胜。」到了《孟子》，终于鲜明地发展为「天时不如地利，地利不如人和」的著名论断。

「五事」之二的「天」，就是天候。包括「阴阳」——昼夜、晴雨，「寒暑」——寒冬、酷暑，「时制」——春夏秋冬。从更广泛的意义说，天时还应当包括天旱水涝、蝗灾、冰雹等。孙武关于「天」的认识完全属于唯物主义范畴，这是很可贵的。当时的战争受气候条件的制约相当大，所谓「冬夏不兴师」。因为，秋季出师才便于因粮于敌。而且春秋末期以前的战争大都是在白天进行的，很少夜战。因为战争持续时间短，几个小时，最多一天即结束战斗。公元前575年晋楚鄢陵（今河南鄢陵）之战，孙武在《军争》第七中说：「旦而战，见星未已」（《左传·成公十六年》），则是对春秋末期战例的总结。当然，天候对战争的影响是从具体的作战对象所处的特殊地位说的。这里无妨举两个后世的战例来说明吧。例如，赤壁之战，曹操在寒冬用兵，所以周瑜据此判断曹军战马缺乏饲料，是败因之一。而东汉马援进攻武溪蛮，则因盛夏士卒多染疾疫而失败。

「五事」之三的「地」，就是地形。关于各种类型的地形，孙武在《地形》第十、《九地》第十一中有颇为详细的论述，我们准备在那里再谈。这里，所要指出的是，孙武把地形条件是否有利作为判断胜负的因素，无疑是正确的。

孙子兵法

上篇·原典释译

正如他在《地形》中所说：『夫地形者，兵之助（辅助条件）也。料敌制胜，计险阨远近，上将之道也。知此而用战者必胜，不知此而用战者必败。』

『五事』之四的『将』，我要在这里集中地做一点分析。孙武把贤能的将帅不仅看做是关系战争胜负的重要因素，而且还说『知兵之将，生民之司命，国家安危之主也』（《作战》），又说『夫将者，国之辅也，辅周则国必强，辅隙则国必弱』（《谋攻》）。可以说，在十三篇中无篇不显露出孙武对将帅地位的竭力宣扬，对将帅条件的严格要求。固然，这里反映了孙武唯心主义的英雄史观，但是，必须看到，孙武强调将领的地位和作用，提出选将的条件和要求，又是与当时战争急剧发展的客观情况紧密联系的。

在春秋时代的深刻社会变革中，军事上也经历着前所未有的变化。郭沫若同志主编的《中国史稿》第一册中曾简明扼要地指出：『甲士和车战的地位下降，徒兵和野战日益重要。这是和当时社会变化有密切联系的。甲士是由平民中的上层充当的，庶人只能作徒兵。平民阶级瓦解了，甲士和车战制度也随之而崩坏。庶人地位上升了，地主阶级要从农民中征兵，徒兵和野战的地位也就提高起来了。军队中的组织也和农村中的什伍组织相一致的。军队中的指挥官也已经不是非贵族不可了。甚至战俘也有被提升为指挥官的，并出现了军功爵制的萌芽。』这是鞭辟入里的分析。特别是春秋末期，由于井田制的破坏，郡县制和征兵制的出现，各国兵额激增。原来周天子拥有六军，大国三军，中国二军，小国一军的格局已完全被打破了。在这样的历史条件下，战争的特点主要表现为以下几个方面。一是参战部队增多了。例如晋国，春秋初期的城濮之战时只有兵车七百乘（约2.1万人），到鲁昭公十三年（公元前529年），一战就损失兵车八百乘。平丘之会时，晋国有兵车四千乘（约12万人）。又如齐国在公元前484年吴齐艾陵之战时，当时吴国是四军，比齐军强大，其总兵力也有十几万。二是武器装备提高了。不仅铁兵器使用于战场，南方的吴、越、楚等国还有『余皇』之类的大型战船。三是战场地域扩大了，从平原旷野扩展到山林沼泽和江河湖海。我国第一次海上登陆作战就是公元前485年吴鲁联军的伐齐之战（《左传·哀公十年》）。四是战争持续时间延长了。例如吴楚柏举之战打了十一天，越灭吴围困姑苏竟达三年之久，同时战斗的激烈程度也有所加剧。五是作战方式复杂化了。由于徒兵进行野战，因而出现了奇袭、迂回、包围、伏击、侧击等战法，战场流动性增大，机动能力提高。

这一系列新的变化、新的特点，都向军队提出了提高指挥效能的新要求。原来，古代作战"出将入相"，文武是不分职的。据《左传·闵公二年（公元前660年）》载，晋国大夫说："夫帅师，专行谋，誓军旅，君与国政之所图也。"意思是说率军作战，对作战方案定下决心，部署实施，是国君和正卿的职责。但是，到了春秋末期，这种现象已不能适应变化了的客观形势。因此，"将"这一崭新的事物终于出现在我国的军事舞台上。据日本学者泷川资言《史记会注考证》统计，这一时期的将军有：狐夜姑在晋国为将，孙武在吴为将，子重、屈完在楚为将，司马穰苴在齐为将，詹伯在郑为将，慎子在鲁为将，子文在卫为将，等等。这些专职将领的出现正是随着战争发展的需要应运而生的。

那么，面对当时的战争，孙武对将领提出了哪些要求呢？这就是"智"，多谋善断；"信"，赏罚有信；"仁"，爱护士卒；"勇"，勇敢坚定；"严"，明法审令。这五条做将的标准，习惯上称为"五德"。古人说，孙武尚智，孙膑贵势，是很有道理的。孙武把"智"放在五德的第一位，表明了他对指挥才能的重视。作为将领的主要职责首先也应当是斗智。他认为，一个"贤将"必须要有深刻的了解（"凡此五者，将莫不闻"），对于复杂的、易变的、矛盾的战场情况要能灵活处置（《九变》）：要有丰富的作战经验，良好的应变能力（《地形》）："故将通于九变之地利者，知用兵矣"），对于整个作战过程要善于分析判断，考虑利害得失，定下正确的决心（《九变》："是故智者之虑，必杂于利害"）。要善于周密地计算敌我兵力对比（《地形》："知吾卒之可以击，而不知敌之不可击，胜之半也"；"知敌之可击，而不知吾卒之不可以击，胜之半也"；"知敌之可击，知吾卒之可以击，而不知地形之不可以战，胜之半也"），等等。由此可以看出，没有丰富的作战经验和良好的军事素养，没有综合判断的洞察能力和高人一等的预见能力，是不可能胜任贤将之责的。

孙武对才智如此重视，如此强调，正是对当时许多血的经验教训的总结。正面的例证如齐鲁长勺之战，曹刿"一鼓作气"的作战指导，取得了打败齐军的胜利，这是由于指挥高明而获胜。反面的例证，如宋襄公"不鼓不成列"的愚蠢式战法是尽人皆知的。还有公元前597年，晋楚两军在邲（今河南荥阳北）发生的一次大规模遭遇战中，晋军之所以惨败，就是由于主将荀林父指挥无能，迟疑坐困，并错误地下达渡河的命令，以致"舟中之指可掬"的（士卒因争相渡河逃命，先上船者用刀砍断后爬船者的手指，这些被砍断在船舱中的手指可以满把地捧起来）。除指挥才能外，孙武也十分强调将帅要有良好的精神素质。对国家要"进不求名，退不避罪，唯人是保，而利合于主"（《地形》），"将不可以愠而致战"（《火攻》）；对士卒要"视卒如婴儿"，"视卒如爱子"（《地形》）；将帅个人也必须具备完善的品格，所谓"将军之事，静以幽，正以治"（《九地》）。"静"就是沉着，"幽"就是深思，"正"就是坚定，"治"就是整治。

孙武对将的要求是多方面的，这里只着重介绍了关于提高指挥效能方面的内容，至于治军等其他方面的丰富内容，我们将在有关的篇章中再分别介绍。

"五事"之五是"法"。什么是"法"？孙武说："法者，曲制、官道、主用也。"历来的注家大都采取曹操的解释："部曲、旌帜、金鼓之制也。官者，百官之分也。道者，粮路也。主者，主军费用也。"本书也依此翻译原文，但要看到曹操这种因字碎句的解释未必符合《孙子兵法》的本义。比如，把"曲制"释为"部曲之制"显然是不符合先秦军制的。

其实关于"法"，孙武在"七计"中有着明确的含义。"七计"除去"道""天""地""将"之外，就剩"法令孰行？兵众孰强？士卒孰练？赏罚孰明？"。可见，这四方面都是"法"的内容，不必为"曲制、官道、主用"去猜闷葫芦。

明法审令，武器装备（兵、兵器、众、军械），军事训练，赏罚分明，这就是孙武所谓的"法"。所以我们在前面说"五事"与"七计"的文义是完全相同的。

强调用法治来对军队进行管理教育和军事训练，正是新兴地主阶级在军队建设上实现自己阶级意志的表现。春秋时代，晋悼公训练勇士，注重军纪，就是典型的一例。公元前570年，晋悼公之弟扬干违犯军纪，被执掌军法的中军司马魏绛杀其御手以示惩罚，受到悼公的称许和提拔。在军事训练上，据《吕氏春秋·简选》记载："吴阖闾选多力者五百人，利趾者（跑得快的）三千人，以为前阵，与荆（楚）战。"《墨子·非攻》也说："古者吴阖闾教七年（训练勇士七年），奉甲执兵（穿戴盔甲，手执兵器），奔三百里而舍（休息）焉。"孙武在《地形》篇说到，经过这种严格训练的部队，官兵之间可以达到一同"赴深溪"、"与之俱死"的程度。这正是孙武对当时出现的许多"死越王勾践也曾训练勇士这种敢死队三年。这种情形，当时在晋、秦各诸侯国都已蔚然成风。

师"(敢死队)的经验总结。

总之,孙武认为,通过以上"五事"的概略比较,就可以大体预见战争的胜负了。所以他说:"吾以此知胜负矣。"

(二)关于主观指导

对敌我双方"五事"的对比,这只是静态的、客观物质条件的对比。如果战争的胜负仅仅局限于这样的对比,无疑是一种机械唯物论的观点。孙膑在《孙膑兵法·客主人分》中这样说道:"众者胜乎?则投算而战耳。富者胜乎?则量粟而战耳。兵利甲坚者胜乎?"意思是说:人多就能胜利吗?那就计算一下双方人数多少就可以打了。经济富足就能胜利吗?那就量一下双方粮食多少就可以打了。武器装备精良就能胜利吗?那胜负就太容易预见了。

具有朴素唯物论和辩证法思想的孙武,恰恰没有陷入机械唯物论的窠臼。他对战争胜负的分析并没有停留在仅仅对"五事"的比较上,而是紧接着提出了一个重要命题:"计利以听,乃为之势,以佐其外。势者,因利而制权也。"即是说,计算客观利害,意见得到采纳,这只是指挥战争的常法,还要凭借常法之外的变法才能把胜利的可能性变为现实性。这个变法就是"因利而制权"的"势"。"势",就是于己有利的战场态势。什么是"权"?"权"的本义是秤锤,引申为权变。《荀子·议兵》说:"权不可预设,变不可先图,与时迁移,随物变化。"可见,"权"利态势,称之为"造势"。

为了造成优势主动的战场地位,没有灵活的战术、快速的机动、巧妙的伪装是不可能达到的。孙武第一次在我国军事学术史上鲜明地提出了"兵者,诡道也"("诡道十二法"("兵以诈立"(《军争》))的战术原则。在这一原则指导下,他列举了十二条战法。人们习惯地称之为"诡道十二法"。这十二法的提出,一方面由于春秋时代的战争为孙武提供了直接材料,另一方面又是他对春秋时代战争经验的正确总结。因此,我们可以从当时的战例中找到这些战法的原型。例如,公元前508年吴楚豫章之战,吴军在豫章摆出决战的姿态,麻痹楚军,暗中转移主力进攻巢邑,重创楚军。这是利用四种"示形"之法——欺骗和伪装——取胜的实例。

"诡道"十二法的其余八法，是指对八种不同情况的敌人所采取的八种不同的对付方法。这里，仅以"强而避之"为例，就可看出孙武这些原则的提出，无一不是对过去战争血的经验的继承和发展。晋楚城濮之战，晋军"退避三舍"，后发制人，是体现"强而避之"取胜的生动战例。反之，如果同强敌硬拼，那就必然失败。《左传·桓公八年》载：公元前704年楚随速杞（今湖北应山县西）之战，随国的季梁对随国君主说："楚人上左，君必左，无与王遇。且攻其右。右无良焉，必败。偏败，众乃携矣。"他认为楚国的风俗是以左为尊，楚王一定在主力左军之中，应该进攻较弱的右军。右军没有良将，一定失败。只要偏师右军一败，楚军士卒就离散了。季梁这一"强而避之"的意见，随侯不采纳，结果随军遭到惨败。再从军事理论上看，据《李卫公问对》载：与孙武同时的越国范蠡曾提出过这样的防御理论："后则用阴，先则用阳。尽敌阳节，盈吾阴节而夺之。"意思是说，后发制人是用潜力，先发制人是用锐气。最大限度地挫敌锐气，最高程度地发挥我军潜力去打击敌人。这一思想，更把"强而避之"的防御原则向前大大地推进了一步。

孙武的"诡道十二法"目的就是一个："攻其无备，出其不意"，对敌实施突然攻击。这十二法的要旨就在于集中兵力，攻虚击弱。因为无论是战役上或战斗上的伪装、佯动还是欺骗，都是为了迷惑敌人。只有迷惑敌人，才能荫蔽自己的兵力集中，调动敌人，使其错误地变更部署，分散兵力。唯其如此，才能最终达到攻其无备，出其不意的目的。

孙武在讲完了既有客观物质条件的优势，又有主观指导上的正确之后，最后得出结论："吾以此观之，胜负见矣。"这里的"见"，同"现"，即显现。即是说，主客观的胜利条件都充分具备之后，谁胜谁负就端倪可见了。

第二章 作战篇

【原文】

孙子曰：凡用兵之法①，驰车千驷②，革车千乘③，带甲④十万，千里馈粮⑤，则内外之费⑥，宾客之用⑦，胶漆之材⑧，车甲之奉⑨，日费千金⑩，然后十万之师举矣⑪。

【注释】

① 用兵之法：用兵的准则。法，准则、规律。
② 驰车千驷：驰车，装载甲士的轻便战车。驰，奔驰、驰驱。驷，原指驾一辆车的四匹马，这里用作量词，千驷即千辆。《太平御览》作"驰车千乘"。
③ 革车千乘：革车，运载军需物资的辎重车辆。乘，辆。梅尧臣注："驰车，轻车也；革车，重车也。凡轻车一乘，甲士步卒二十五人；重车一乘，甲士步卒七十五人。举二车各千乘，是带甲者十万人。"
④ 带甲：穿戴铠甲，此处指全副武装的士卒。
⑤ 千里馈粮：从千里之外运送供应粮食。馈，馈送、供应。
⑥ 内外之费：前后方的开支费用。内外，这里指前方与后方。王晳说："内，谓国中；外，谓军所也。"
⑦ 宾客之用：招待各诸侯国宾客使节的用度。杜牧注："军有诸侯交聘之礼，故曰宾客也。"
⑧ 胶漆之材：胶漆，制作和修理弓箭甲盾的物资，这里泛指修造作战器具所需的各种物资。
⑨ 车甲之奉：战车及铠甲的保养费用。车甲，车辆、铠甲。奉，费用、花费。
⑩ 日费千金：每天要花费巨额钱财。张预注："千金，言重费也。"
⑪ 十万之师举矣：举，出动。梅尧臣注："举师十万，馈粮千里，日费如久，师久之戒也。"《通典》《太平御览》作"十万之众举矣"。

孙子兵法

上篇·原典释译

【译文】

孙武说：凡兴兵作战，通常要动用战车千辆，辎重车千辆，军士十万，从千里之外运送军粮。前方后方的开销，招待外交使节的花费，胶漆等器材的供应，车辆铠甲的保养，每天都要耗费千金，然后十万大军才能出动。

【原文】

其用战也胜①，久则钝兵挫锐②，攻城则力屈③，久暴师则国用不足④。夫钝兵挫锐，屈力殚货⑤，则诸侯乘其弊而起⑥，虽有智者，不能善其后矣⑦。故兵闻拙速，未睹巧之久也⑧。夫兵久而国利者，未之有也⑨。故不尽知用兵之害者，则不能尽知用兵之利⑩也。

【注释】

① 其用战也胜：在这样动员大规模兵力的情况下，作战则要求速胜。

② 久则钝兵挫锐：如果旷日持久就会军队疲惫、锐气受挫。钝兵，使军队疲惫；挫锐，使锐气受挫。钝，挫皆为使动用法。贾林注：「战虽胜人，久则无利，兵贵全胜，钝兵挫锐，士伤马疲则屈。」

③ 攻城则力屈：进攻城邑就会使兵力耗尽。屈，竭尽、耗尽。张预注：「千里攻城，力必困屈。」

④ 久暴师则国用不足：长期使军队在外就会造成国家供应困难。暴，露，通「曝」。孟氏注：「久暴师露众千里之外，则军国费用不足相供。」

⑤ 屈力殚货：兵力消耗物资枯竭。殚，枯竭。货，财货、物资。《通典》《太平御览》皆作「力屈货殚」。

⑥ 诸侯乘其弊而起：弊，疲惫、危机，包括上文所指的「钝兵挫锐、屈力殚货」的情况。此句意谓别的诸侯国就会利用这种危机，起兵前来进攻。何延锡注：「兵不胜而敌乘其危殆。」

⑦ 虽有智者，不能善其后矣：一旦到了这种时候，即便是才智出众的人也无法挽回危局了。贾林注：「人离财竭，虽伊、吕复生，亦不能救此亡败也。」

⑧ 兵闻拙速，未睹巧之久也：只听说用兵宁拙而求速胜，没见过为求用巧而长期拖延的。拙，笨拙，此处意谓不刻意求巧。速，迅速取胜。巧，巧妙、工巧。杜牧注：「攻取之间，虽拙于机智，然以神速为上，盖无老师费财

钝兵之患,则为巧矣。」

⑨兵久而国利者,未之有也:利,有利。用兵旷日持久而对国家有利的情况,从来没有过。贾林注:「兵久无功,诸侯生心。」

⑩不尽知用兵之害者,则不能尽知用兵之利也:不能完全了解用兵的危害的人,就无法充分认识用兵的好处。尽知,完全了解、充分认识。李筌注:「利害相依之所生,先知其害,然后知其利也。」

【译文】

用兵作战贵在速胜,旷日持久就会使军队疲惫、锐气挫伤。攻打城邑就会使兵力耗尽。长期使军队在外作战会造成国家的财政困难。若军队疲惫,锐气受挫,兵力耗损,国家财力枯竭,其他诸侯国就会利用这种危机起兵前来进攻,到那时,即便是才智出众的人也无法挽回危局了。因此,只听说用兵守拙而求速胜的情况,却没见过为讲求用巧而久拖不决的。用兵旷日持久而对国家有利的情况,是从来没有过的。所以,不能完全了解用兵的危害的人,就无法充分认识用兵的好处。

【原文】

善用兵者,役不再籍①,粮不三载②;取用于国③,因粮于敌④,故军食可足也。

【注释】

①役不再籍:征集兵役不用两次。役,兵役。再,两次。籍,户籍、名册,这里指征集。张预注:「籍,谓调兵之符籍,故汉制有尺籍伍符。言一举则胜,不可再籍兵役于国也。」

②粮不三载:粮草不用多次运送。三载,多次运送。曹操注:「始载粮,后遂因食于敌,还兵入国,不复以粮迎之也。」

③取用于国:武器装备从国内取用。《太平御览》作「粮不再载」。张预注:「器用取于国者,以物轻而易致也。」

④因粮于敌:军需粮草靠在敌国境内就地征发。因,依靠。何延锡注:「兵出境钞聚掠野,至于克敌拔城,得其储积也。」

孙子兵法

上篇·原典释译

【译文】

善于用兵的人，兵员不用征集两次，粮草不用重复运送。武器装备从国内取用，粮秣给养在敌国就地解决，这样，军队的粮草供应就可以充足了。

【原文】

国之贫于师者远输①，远输则百姓贫②。近于师者贵卖③，贵卖则百姓财竭，财竭则急于丘役④。力屈、财殚、中原内虚于家⑤。百姓之费，十去其七；公家之费，破车罢马⑥，甲胄矢弩⑦，戟楯蔽橹⑧，丘牛大车⑨，十去其六。

【注释】

① 国之贫于师者远输：国家因用兵而导致贫乏的，在于军需物资的远道运输。远输，长途运输。

② 远输则百姓贫：长途运输就会使百姓贫困。张预注："以七十万家之力，供饷十万之师于千里之外，则百姓不得不贫。"

③ 近于师者贵卖：离军队近的地方物价上涨。贵卖，物价上涨。贾林注："师徒所聚，物皆暴贵，人贪非常之利，竭财物以卖之。初虽获利殊多，终当力疲货竭。"

④ 财竭则急于丘役：财源枯竭，就要急于加征军赋。丘役，军赋。丘，古代地亩面积单位，作为征收赋税徭役的计算单位。杜牧引《司马法》注："六尺为步，步百为亩，亩百为夫，夫三为屋，屋三为井，四井为邑，四邑为丘。"

⑤ 中原内虚于家：国内百姓家产虚耗。中原，这里指国内。

⑥ 破车罢马：战车损毁，战马疲惫。罢，同"疲"。

⑦ 甲胄矢弩：甲，护身的铠甲。胄，头盔。矢，箭。弩，弩机，发射箭矢的简易机械装备。

⑧ 戟楯蔽橹：戟，具有戈与矛两种功能的兵器。楯，同"盾"，盾牌。蔽橹，一种大盾牌，用于战车的防护。

⑨ 丘牛大车：丘牛，丘役中征发的牛。大车，此处指运载辎重的车辆。

【译文】

国家之所以因兴师作战而贫困，是由于运输路途遥远。远道运输就会导致百姓贫困。靠近军队驻扎的地方物价必然上涨，物价上涨就会使百姓财力耗尽。财力耗尽就要急于加征赋役，百姓的财物消耗掉十分之七；国家的资财，也由于战车损毁，马匹疲病，盔甲、弓箭、戟盾等兵器装备的损耗以及征发大牛和运载辎重的车辆等，损失十分之六。

【原文】

故智将务食于敌①，食敌一钟②，当吾二十钟；萁秆③一石④，当吾二十石。

【注释】

① 智将务食于敌：聪明的将帅力求在敌国就地取粮。
② 钟：古时容量单位，一钟相当于六十四斗。杜牧注：「六石四斗为一钟。」
③ 萁秆：牲畜饲料。萁，同「箕」，豆秸。秆，禾茎。
④ 石：古时的重量单位。一石相当于一百二十斤。

【译文】

所以聪明的将领务求在敌国就地解决粮草的供应。食用敌国的粮食一钟，相当于从本国运送二十钟。消耗敌国的饲草一石，相当于从本国运送二十石。

【原文】

故杀敌者，怒①也；取敌之利者，货也②。故车战，得车十乘已上，赏其先得者，而更其旌旗④，车杂而乘之⑤，卒善而养之⑥，是谓胜敌而益强⑦。

【注释】

① 怒：此处主要指士气。李筌注：「怒者，军威也。」
② 取敌之利者，货也：夺取敌人的资财，必须以财货奖赏将士。杜牧注：「使士见取敌之利者，货财也。谓得敌之货财，必以赏之，使人皆有欲，各自为战。」
③ 已上：以上。已，同「以」。

孙子兵法

④更其旌旗：夺取敌军的车辆并换上我军的旗帜。李筌注："令色与我同。"

⑤车杂而乘之：把缴获的敌军车辆与我军车辆混合在一起。杂，掺杂、混合。乘，使用。张预注："己车与敌车参杂而用之，不可独任也。"

⑥卒善而养之：对俘获的敌军士卒要给予优待，为我所用。

⑦是谓胜敌而益强：这就是说，越是战胜敌人自己就越强大。何延锡注："因敌以胜敌，何往不强。"

【译文】

要使军队奋力杀敌，就要激励将士们的士气；要夺取敌人的物资财货，就要用财物奖赏将士。所以在车战中凡缴获战车十辆以上的，要奖励最先夺得战车的人，并更换上我军的旗帜，混合编入我军的军队。对俘获的士卒要善待。这就是说，越是战胜敌人，自己就越强大。

【原文】

故兵贵胜，不贵久①。

故知兵之将②，生民之司命③，国家安危之主④也。

【注释】

①兵贵胜，不贵久：用兵贵在尽快取胜，而不在时间久。曹操注："久则不利，兵犹火也，不戢，将自焚也。"

②知兵之将：深知用兵之道的将帅。

③生民之司命：民众命运的主宰。生民，一般民众。司命，《楚辞·九歌·大司命》五臣注："司命，星名，主知生死。"这里借喻为命运的主宰者。《通典》《太平御览》均作"民之司命"。

④国家安危之主：关系到国家安危存亡的决定性人物。李筌注："将有杀伐之权，威欲却敌，人命所系，国家安危在于此矣。"

【译文】

因此，用兵贵在尽快取胜，而不宜旷日持久。

深明用兵之道的将帅，是民众命运的掌握者，是国家安危存亡的主宰者。

【品读】

篇名『作战』，不同于现代军语的『作战』，而是论述速战速决的进攻战略及其客观依据。

孙武从『不尽知用兵之害，则不能尽知用兵之利』这一朴素的辩证法思想出发，着重阐述了在进攻作战中速战速决的战略主张。他说：『兵闻拙速，未睹巧之久也。』这话的意思是说，指挥虽拙而求速胜，决不为求工巧而旷日持久。孙武参加的吴军破楚入郢之战，就是这一战略思想绝好的说明。当时如果楚军封锁义阳三关，前后夹击，吴军将处于十分被动的地位。战争由于其概然性和不确实性的程度较大，因此，总是带有一定程度的冒险性的。能不能说孙武主张进攻和速胜而反对防御和持久呢？不能。因为，孙武在本篇与《九地》第十一中所主张的进攻与速决，都是从对敌国实行战略进攻的一方，而不是从战略防御角度而言的。既然是出国远征的战略进攻，那么，孙武主张速决，是无可非议的。无论古今中外，凡是对敌对武装实行战略进攻的一方，无不主张速战速决，反对旷日持久。反之，实行战略防御的一方，都主张持久抗击而反对急于求胜。其所以如此，是由攻防双方战争的政治目的、经济条件和军事力量等基本条件决定的。

孙武对于为什么要实行速战速决的战略，从反面（旷日持久）提出了三方面的依据。

第一，造成国家财力消耗。他以十万部队出征为例，从武器装备等后勤供应方面进行概算，指出在实行进攻战略时如不速战速决，将会给国家财政带来惊人的消耗。部队出动之前，每天要耗费千金，他说：『驰车千驷，革车千乘，带甲十万，千里馈粮，则内外之费，宾客之用，胶漆之材，车甲之奉，日费千金，然后十万之师举矣。』这是一笔账。部队出动之后，如果长期在敌国作战，顿兵坚城之下，不能速决，那就还有一大笔账。如他在《用间》第十三中所说的『相守（相持）数年，以争一日之胜』，那么，为了维修补充公室就要拿出十分之七的开支。按《管子》的说法，『破车疲马，甲胄矢弩，戟楯蔽橹，丘牛大车，粟行三百里，则国无一年之积；粟行四百里，则国无二年之积；粟行五百里，则国有饥色，所斋之物，耗于道路，农夫耕牛，俱失南亩，则百姓贫矣』。特别是战线越长，运输越困难。

第二，加重人民的负担。战争久拖不决，国家财力枯竭，必然要加征赋役，加重人民的负担，从而引起物价飞涨，造成人民的不满。他在《用间》篇中还说到，"内外骚动，怠于道路，不得操事者，七十万家"，对社会生产力的影响和破坏是十分严重的。

第三，陷入两面作战的不利地位。春秋之世，诸侯列国互相兼并，战争频繁，互相觊觎，尔虞我诈。对于这样一种天下扰攘，列国虎视的形势，孙武多次论述过避免两线作战的问题。告诫制定战争政策的君主，一定要警惕"诸侯之难"（诸侯发难，举兵入侵，见《谋攻》）。在本篇中他明确指出，如果长期曝师于外，就会造成"钝兵挫锐，屈力殚货，则诸侯乘其弊而起，虽有知者，不能善其后矣"。他看到，一旦陷入两面作战的被动状态，是任何人也不能挽救危局的。历史事实证明，春秋时代在许多被灭亡的国家中，有不少都是因两面作战而国破军亡的。吴国本身的灭亡，从军事战略的角度来看，其失败就是四面树敌，最后陷入两面作战，以致被越国所灭。

针对以上因久战所带来的三方面的不利，孙武提出了在战略进攻中如何争取速战速决，以避免以上三方面不利因素的方法。

第一，为求速决，避免顿兵坚城。因为"攻城则力屈，久暴师则国用不足"。在当时生产力发展水平不高的情况下，对于城邑的进攻，由于攻城器械的限制，强攻很难奏效，只有采取计取和长围。孙武还在《谋攻》中着力地描绘了攻城对速胜的危害。他写道："攻城之法，为不得已，修橹轒辒，具器械，三月而后成，距闉又三月而后已；将不胜其忿，而蚁附之，杀士卒三分之一，而城不拔者，此攻城之灾也。"

第二，为减少财政开支和人民负担，他主张"役不再籍，粮不三载，取用于国，因粮于敌"。他计算"食敌一钟，当吾二十钟；䔖秆一石，当吾二十石"。就是说，从运输成本计算，还是在敌国就地征发划算。采取这种类似"以战养战"的方针，既可减轻后勤供应上的负担，又可少征老百姓的赋役。又由于"因粮于敌"，补充了自己，而把困难留给了敌人。

第三，奖励士卒，优待俘虏。孙武主张"取敌之利者，货也"，"车战得车十乘以上，赏其先得者，车杂而乘之，卒善而养之"。如果采取这样的措施，那就会"胜敌而益强"，最终达到实现战略进攻的目的。

第三章 谋攻篇

【原文】

孙子曰：凡用兵之法，全国为上，破国次之①；全军为上，破军次之②；全旅为上，破旅次之③；全卒为上，破卒次之④；全伍为上，破伍次之⑤。是故百战百胜，非善之善者⑥也；不战而屈人之兵⑦，善之善者也。

【注释】

① 全国为上，破国次之：全，全部、完整。国，敌国，也可解作"国都、大城邑"。这句是说迫使敌国完整地降服是最上策，而经过战争交锋攻破敌国的就要差一等。曹操注："兴师深入长驱，距其城郭，绝其内外，敌举国来服为上。以兵击破，败而得之，其次也。"

② 全军为上，破军次之：军，此处有两层含义：一是指整个敌军，一是特指军队的一个编制单位。曹操注引《司马法》："一万二千五百人为军。"此句意为，能使敌军完整地降服是上策，用武力击破它就差一等。

③ 全旅为上，破旅次之：使敌人整个旅降服为上策，击破它就差一等。旅，春秋时以五百人为旅。

④ 全卒为上，破卒次之：卒，此处为军队的编制单位。张预注："百人为卒。"

⑤ 全伍为上，破伍次之：伍，古代军队中的基本编制单位，五人为伍。何延锡注："自军之伍，皆次序上下言之，此意以策略取之为妙，不惟一军，至于一伍，不可不全。"

⑥ 善之善者：最高明的，好中最好的。贾林注："兵威远振，全来降伏，斯为上也。诡诈为谋，摧破敌众，残人伤物，然后得之，又其次也。"

⑦ 不战而屈人之兵：不用经过交战而迫使敌军屈服。屈，屈服、降服，此处为使动用法。陈皡注："韩信用李左车之计，驰咫尺之书，不战而下燕城也。"

【译文】

孙武说：大凡用兵的指导法则是：使敌国完整地降服为上策，而经过交战击破敌国就次一等；使敌人的"军"

孙子兵法

完整地降服为上策,而击破敌人的『军』就次一等;使敌人的『旅』完整地降服为上策,而击破敌人的『旅』就次一等;使敌人的『卒』完整地降服为上策,而击破敌人的『卒』就次一等;使敌人的『伍』完整地降服为上策,而击破敌人的『伍』就次一等。因此,百战百胜,并不算是高明之中最高明的;不用经过交战就能使敌人屈服,才是高明之中最高明的。

【原文】

故上兵伐谋①,其次伐交②,其次伐兵③,其下攻城④。攻城之法,为不得已⑤。修橹轒辒⑥,具器械⑦,三月而后成,距闽⑧,又三月而后已。将不胜其忿而蚁附之⑨,杀士三分之一而城不拔者⑩,此攻之灾也⑪。

【注释】

①上兵伐谋:用兵的最上乘之法是在谋略上战胜敌人。上兵,上乘的用兵方法。伐,攻伐。伐谋,以谋略战胜敌人。杜佑注:『敌方设谋,欲举众师,伐而抑之,是其上。故太公云:善除患者理于未生,善胜敌者胜于无形也。』

②伐交:交,外交。通过外交手段分化瓦解敌国的联盟,扩大、巩固自己的联盟,以孤立敌人,在外交上战胜敌人。

③伐兵:这里的『兵』指军队。伐兵,通过交战来战胜敌人。李筌注:『临敌对阵,兵之下也。』

④其下攻城:《通典》《太平御览》作『下政攻城』。

⑤攻城之法,为不得已:运用攻打城池的手段是不得已才采取的。

⑥修橹轒辒:修造盾牌及攻城用的兵车。橹,以藤革为材料制成的大盾牌。轒辒,以排木制作,上蒙生牛皮,下有四轮,可掩护十人,用来运土填塞护城河,能防城上以矢石攻击。

⑦具器械:准备攻城用的器械。具,准备。

⑧距闽:闽,通『堙』,此处为高于敌方城墙的土山。距闽,即构筑用以攻城的小土山。张预注:『积土与城齐,使士卒上之,或观其虚实,或毁其楼橹,欲必取也。』

⑨将不胜其忿而蚁附之:指挥攻城的将领愤怒焦躁,驱使士卒像蚂蚁一样去爬梯攻城。忿,愤怒,恼怒。蚁附,像蚂蚁一样附在上面。曹操注:『将忿不待攻城器,而使士卒缘城而上,如蚁之缘墙,杀伤士卒也。』

【译文】

⑩杀士三分之一而城不拔者：士卒被杀三分之一，城池仍没有攻下的。士，士卒。拔，攻取。

⑪此攻之灾也：这是攻城造成的祸害。攻，此处指攻城。

所以，用兵的最上乘之法是以谋略战胜敌人，其次是通过外交取胜，再次是打败敌人的军队，下策是攻打敌方城邑。攻打城邑是实在不得已才采取的手段。修造攻城的大盾和四轮车，筹备攻城器械，要三个月才能完成。构筑攻城用的土山，又要用三个月才能结束。将帅抑制不住焦躁愤怒，驱使士卒像蚂蚁一样爬梯攻城，士卒伤亡三分之一，城邑还是没被攻下，这就是攻城带来的灾害。

【原文】

故善用兵者，屈人之兵而非战①也，拔人之城而非攻②也，毁人之国而非久也③，必以全争于天下④，故兵不顿而利可全⑤，此谋攻之法也⑥。

【注释】

①屈人之兵而非战：迫使敌人屈服而并不用直接交战的办法。屈人之兵，使敌人的军队降服。杜佑注：「伐谋伐交，不至于战，故《司马法》曰：『上谋不斗。』」

②拔人之城而非攻：占领敌方的城邑而不依靠强行攻城。张预注：「或攻其所必救，使敌弃城而来援，则设伏取之……或外绝其强援，以久持之，坐俟其毙。」

③毁人之国而非久：灭亡敌国而不需旷日持久。何延锡注：「善攻者不以兵攻，以计困之，命其自拔，非劳久守而取之也。」

④必以全争于天下：务求以全胜谋略争胜于天下。全，指以上所举「全国」「全军」「全旅」「全卒」「全伍」之「全」。梅尧臣注：「全争者，兵不战，城不攻，毁不久，皆以谋而屈敌，是曰谋攻，故不钝兵利自完。」

⑤兵不顿而利可全：军队不会受到挫折，而利益可以保全。顿，通「钝」，受挫。利，利益。张预注：「无兵血刃之害，而有国富兵强之利。」

孙子兵法

⑥此谋攻之法也：谋攻，运用谋略以战胜敌人。法，法则、原则。

【译文】

所以善于用兵的人，使敌人屈服而不靠直接交战，夺取敌人的城邑而不是靠强攻，灭亡敌人的国家而不靠长久作战，务求以全胜的战略争胜于天下，因此，军队不会疲惫受挫，而胜利可以完满取得，这是运用谋略取胜的法则。

【原文】

故用兵之法，十则围之①，五则攻之②，倍则分之③，敌则能战之④，少则能逃之⑤，不若则能避之⑥。故小敌之坚，大敌之擒⑦也。

【注释】

①十则围之：在数量上有十倍于敌人的优势兵力，就采取包围的战术。杜牧注："围者，谓四面垒合，使敌不得逃逸，凡围四合，必须去敌城稍远，占地既广，守备须严，若非兵多，则有阙漏，故用兵有十倍也。"

②五则攻之：有五倍于敌人的兵力，就可以主动进攻。曹操注："以五敌一，则三术为正，二术为奇。"

③倍则分之：有比敌人多一倍的兵力，目的是为了在局部造成超过两倍的兵力优势。陈皞注："分兵趋其所必救，即我倍中更倍，以击敌之中分也。"

④敌则能战之：敌我双方兵力相等，在一定的情况下要设法战胜敌人。敌，匹敌，此处指双方势均力敌。曹操注："己与敌人众等善者，犹当设伏，奇以胜之。"

⑤少则能逃之：兵力数量上少于敌人时，要设法摆脱敌人。张预注："彼众我寡，宜逃去之，勿与战。"逃，摆脱、脱离。

⑥不若则能避之：实际力量不如敌人时，要避免与敌人交战。不若，不如。杜佑注："强弱不敌，势不相若，则引军避之，待利而动。"

⑦小敌之擒：小敌，力量弱小的军队。坚，这里指坚守硬拼。大敌之擒：大敌，力量强大的军队。擒，俘获。这句是说，弱小的军队如果一味坚守硬拼，就会被强大的军队所俘获。杜牧注："言坚者，将性坚忍，不能逃，不能避，

【译文】

所以,用兵的原则是,兵力十倍于敌就包围它,兵力五倍于敌就进攻它,兵力两倍于敌就要设法分散它,兵力与敌相等就要善于抗击它,兵力少于敌人就要善于摆脱它,实力比敌人弱就要避免与它交战。因此弱小的军队如果只知固守硬拼,就会成为强大敌人的俘虏。

故为大者之所擒也。"

【原文】

夫将者,国之辅也①,辅周则国必强②,辅隙则国必弱③。

【注释】

①国之辅:辅,辅木,用以增强车轮支力。引申为辅助、辅佐。这句是说,将帅是国君的助手。何延锡注:"周,周密。辅佐周密,国家就会强盛。"
②辅周则国必强:周,周密。辅佐周密,国家就会强盛。
③辅隙则国必弱:隙,缺漏、缺陷。辅佐有疏漏缺失,国家就会危弱。王晳说:"隙,谓有所缺也。"

【译文】

将帅是国君的辅佐,辅助得周密,国家就会强盛;辅助得有缺失,国家就会衰弱。

【原文】

故君之所以患于军者三①:不知军之不可以进而谓之进②,不知军之不可以退而谓之退,是谓縻军③。不知三军之事,而同三军之政④,则军士惑⑤矣。不知三军之权,而同三军之任⑥,则军士疑矣。三军既惑且疑,则诸侯之难至⑦矣,是谓乱军引胜⑧。

【注释】

①君之所以患于军者三:作为国君对军队行动的危害有三种情况。患,危害。《武经七书直解》作"军之所以患于君者三"。

孙子兵法

【原文】

故知胜有五①：知可以战与不可以战者胜②；识众寡之用者胜③；上下同欲④者胜；以虞待不虞⑤者胜；将能而君不御者⑥胜。此五者，知胜之道⑦也。

【注释】

① 知胜有五：预见胜利的情况有五种。知，预知、预见。

② 而谓之进：谓，告诉，此处意为命令。

③ 縻军：束缚军队。縻，束缚。梅尧臣注：『君不知进退之宜，而专进退，是谓縻系其军。』

④ 不知三军之事，而同三军之政：不了解军队的内部事务而干预军队的行政。三军，周制，大国设三军，分为上、中、下三军，或分左、中、右三军。这里是泛指军队，全军上下。同，这里是『干预、干涉』的意思。政，行政事务。《通典》作『不知军中之事，而欲同三军之政』。

⑤ 则军士惑：那么将士们就会困惑。军士，这里指所有的将领及士卒。杜佑注：『治国尚礼义，兵贵于权诈。』

⑥ 不知三军之权，而同三军之任：不了解军队行动的权变机动，而干预军队的指挥。权，权变。任，统率、指挥。

⑦ 诸侯之难至：别的诸侯国就要乘机进犯，招致灾难。难，这里指战乱、兵灾。张预注：『军士疑惑，未肯用命，则诸侯之兵乘隙而至。』

⑧ 乱军引胜：扰乱自己的军队，导致敌人胜利。引，引导、导致。

【译文】

国君对军队行动的危害有三种情况：不了解军队不宜前进而命令军队前进，不了解军队不宜后退而命令军队后退，这叫做束缚军队；不了解军队内部的事务，而干预军队的行政，将士们就会困惑；不知道军队行动的权变，而干预军队的指挥，将士们就会产生疑虑。军队既困惑又有疑虑，就会招致别的诸侯国乘机进犯的灾难。这就叫做扰乱自己而致使敌人获胜。

所以预知胜利的情况有五种：知道可以打和不可以打的能够胜利；懂得根据兵力多寡而采取不同战法的能够胜利；上下一心、同仇敌忾的能够胜利；以有准备来对付无准备的能够胜利；将帅有才能而君主不加牵制的能够胜利。这五条，就是预知胜利的方法。

孙子兵法

【原文】

故曰：知彼知己者，百战不殆①；不知彼而知己，一胜一负；不知彼，不知己，每战必殆②。

【注释】

① 知彼知己者，百战不殆：既了解对方也了解自己的，每次作战都不会有危险。殆，危险。杜牧注：『以我之政料敌之政，以我之将料敌之将，以我之众料敌之众，以我之食料敌之食，以我之地料敌之地。校量已定，优劣短长皆先见之，然后兵起，故有百战百胜也。』

② 每战必殆：张预注：『攻守之术皆不知，以战则败。』

【译文】

预见胜利可以根据以下五种情况：知道可以打或不可以打的，能够打胜；懂得根据双方兵力多少而正确运用不同战法的，能够获胜；全军上下齐心协力的，自己有充分准备来对付没有准备之敌的，能够获胜；将帅有才能而君主不加以牵制的，能够获胜。这五条，是预见胜利的方法。

① 知胜之道：预见胜利的方法。道，方法、规律。

② 上下同欲：全军上下齐心协力。同欲，意愿一致。

③ 以虞待不虞：以有充分准备对付没有准备。虞，有准备。

④ 将能而君不御者胜：御，驾驭，此处指制约、干预。这句是说，将帅有才能而君主不加以牵制的就可获胜。张预注：『将有智勇之能，则当任以责成功，不可从中御也。故曰，阃外之事，将军裁之。』

⑤ 知可以战与不可以战者胜：武经本作『知可以战与不可以战者胜』。汉简本作『知可而战与不可而战者胜』。

⑥ 识众寡之用者胜：众寡，双方兵力的多少。用，使用、运用。懂得根据双方兵力多少而正确运用不同战法的就能获胜。张预注：『用兵之法，有以少而胜众者，有以多而胜寡者，在乎度其所宜则善。』《通典》《太平御览》作『知众寡之用者胜』。

所以说：既了解敌方也了解自己的，百战都不会有危险；不了解敌方但了解自己的，胜负各半；既不了解敌方也不了解自己的，每次战斗都会有危险。

孙子兵法

【译文】

所以说：了解敌人，又了解自己，即使百战也不会有危险；如不了解敌人，而了解自己，则会有时胜利，有时失败；既不了解敌人，又不了解自己，则每次作战必然都有危险。

【品读】

"谋攻"，直译就是用谋略攻敌。换言之，就是在战略策略上战胜敌人。全篇主要论述"全胜"的战略思想及其实现的方法和条件。核心是一个"全"字。

《孙子兵法》中的"全"，如同孔子哲学的核心"仁"，老子哲学的核心"道"一样，是我们研究孙武军事思想的一条基本线索。十三篇中，提到"全"的地方有十处之多，诸如"安国全军之道"（《火攻》），"知天知地，胜乃可全"（《地形》），"自保而全胜"（《地形》）等，但最主要的篇章则是本篇《谋攻》。其中有这样一段话："故善用兵者，屈人之兵而非战也，拔人之城而非攻也，破人之国而非久也，必以全争于天下，故兵不顿而利可全，此谋攻之法也。"

"全"，《说文解字》告诉我们："纯玉曰全。"由无瑕的纯玉引申为完整、完备、完美的意思。例如《列子·天瑞》："天地无全功，圣人无全能，万物无全用。"认为无论天地、万物，明君贤将都不可能达到十全十美的地步。

孙武也正是在这个意义上使用"全"的含义的。"必以全争于天下，这样军队不致于受到挫伤，而胜利可以完满取得。"

所谓全胜的计谋，就是本篇中所说的"百战百胜，非善之善者也；不战而屈人之兵，善之善者也"。这里讲的"不战而屈人之兵"与"屈人之兵而非战也"中的"不战"、"非战"都是指不与敌人直接交战，而不是放弃武装，反对战争。不经过直接交战而使敌人屈服的"全胜"战略思想，是孙武对战争所希图达到的最高理想境界。

在我国军事史上，孙武首先提出"全胜"的思想，决不是偶然的。

春秋，是大国争霸，战争频繁，弱肉强食的时代。诸侯列国之间的矛盾错综复杂，为了同大国抗衡，中、小国家频繁地缔结各种攻守盟约。如卫国与陈国在盟约中表示："若大国讨，吾则死之（以死抵御外侮）。"（《左传·宣公十三年》）这种以武力为后盾的外交斗争，常常能达到所谓"不越樽俎之间，折冲千里之外"的效果，使一场即

孙子兵法

将爆发的战争被制止。在春秋历史上，郑国由于处于晋楚两大国的中间地带，因而历史地造成了它是最具有外交谋略和斗争传统的国家。公元前631年，郑国大夫烛之武一席话劝退了秦穆公所率秦军，迫使晋文公策划的一场伐郑战争烟消云散，使郑国危如累卵的形势化险为夷（事见《左传·僖公三十年》）。又如公元前627年，商人弦高智退秦军偷袭的著名故事，也是发生在郑国（见《左传·僖公三十三年》）。公元前598年郑国公子子良提出的两面应付晋楚的策略，使郑国得以生存（《左传·宣公十一年》）。而到公元前543年至公元前522年的二十一年间，郑国的执政子产在开展反抗强权的外交斗争中更是功绩卓著。

正是在这样一种特定的历史条件下，孙武继承和发展了前人的『谋攻』经验，提出了崭新的『全胜』思想。

对于『全胜』的内容及其方法，孙武作了详尽的分析。『全胜』的内容，包括政治战略和军事战略两个部分。

在政治战略上，他主张『全国为上』——使敌国完整的降服为上策。实现的方法就是『伐谋』『伐交』。

所谓『伐谋』，就是打破敌人的战略企图。唐朝杜佑的注解说：『敌方设谋欲举众，师伐而抑之，是其上。故太公云："善除患者，理于未生；善胜敌者，胜于无形。"』他的解释是极为正确的。杜牧在注释中举了两个史例，生动地说明了『伐谋』的运用。一种情况是敌人正谋划攻我，我则先伐其谋，制止敌人的进攻。他举例说，春秋时晋平公要攻打齐国，派范昭到齐国观察政情。齐相晏婴在樽俎之间挫败了范昭的挑衅，阻止了晋国的战争。另一种情况是我欲攻敌，敌已有防御打算，我则挫败其防御企图，使敌来不及组织有效的抵抗。这种情况，他以春秋时秦国伐晋的河曲之战为例。公元前615年，秦国发兵攻晋。晋国派将军赵盾率兵抵御。赵盾采纳了上军副将臾骈『深垒固军以待之』的特久防御方针，问计于部将士会。士会献策说：晋将赵穿，是晋国国君的女婿，受到宠信，但他不懂军事，为人骄狂，可以派兵一部袭击赵穿所在的上军，诱其脱离筑垒地域，进行野战。士会这个计策实行后，果然奏效，打破了晋军持久防御的预定方针。

所谓『伐交』，就是上文所说的在外交斗争上战胜敌人。『伐谋』与『伐交』都是政治战略上的斗争，二者虽有区别，但又是彼此联系的。例如著名的晋楚城濮之战，晋文公在战前所进行的一系列行动——争取齐、秦参战，拆散楚国与曹国、卫国的同盟，乃至扣留楚使宛春激怒楚将子玉等——都融汇了『伐谋』与『伐交』的斗争。孙武对于『伐谋』『伐

孙子兵法

「交」和「伐兵」的关系及其具体运用，在《九地》篇第十一中有进一步的阐述，现把他的主要论点在这里作些介绍。

他说：「是敌不知诸侯之谋者，不能预交。」可以看作是孙武对「谋」与「交」二者关系的阐发。他又说：「不争天下之交，不养天下之权，信己之私，威加于敌，故其城可拔，其国可隳。」这段话，是孙武对于谋略、外交以及诉诸武力诸种关系的更深入、更明晰的表述。

孙武「全胜」内容的另一个重要方面，就是表现在「伐兵」上的军事战略，——「全军为上，破军次之；全旅为上，破旅次之；全卒为上，破卒次之；全伍为上，破伍次之。」这里的四个「全」均用作动词，表使动意义，意为使敌完整地屈服。何延锡注云：「此意以策略取之为妙，不唯一军，至于一伍，不可不全。」这一解释，是孙武正因为孙武把他的「全胜」思想一直贯穿到战场斗争中，所以他提出了一个重要的命题：「是故百战百胜，非善之善者也；不战而屈人之兵，善之善者也。」

作为同「不战而屈人之兵」成为反面的战略，孙武认为是顿兵坚城，久战不克。进攻城邑，在春秋时代虽然已经出现，但是，由于当时生产力水平的限制，攻城器械还很简陋，难以达到速战速克的目的。相反，城邑建筑已很高大坚固，所谓「九层之台，起于累土」（《老子》），防御上占有便利条件，故有「一女乘城，可敌十夫」之说。

其实，还应看到，春秋时代，城邑在经济和政治上的价值还没有上升到如同战国时代那样的战略地位。因此，孙武虽然不反对攻城，但却明确表示「攻城之法，为不得已」，是在特殊情况下不得已采取的「下策」。

在战场上如何争取「全胜」，孙武在以后几篇中分类进行了精辟的论述。在本篇，他也原则地提出了敌我兵力对比不同所应采取的方法：「十则围之，五则攻之，倍则分之，敌则能战之，少则能逃之，不若则能避之。」

孙武提出的这六条「用兵之法」，曹操在注解时均有独到的见解和正确的发挥，有必要在这里加以引述。对于「十则围之」，他认为，采取包围，本来不要十倍的兵力，而孙武之所以主张以十倍兵力去包围，则是在「将智勇等而兵利钝均」的特殊情况下所采取的打法。他以亲自指挥的活捉吕布的下邳之战为例，由于吕布军队智勇不如曹操军，武器装备也低劣，所以曹操虽然只有两倍于吕的兵力，仍然采取包围战法取得了胜利。当然，"十则围之"的"十"，不应机械地看作是实数，不过略言兵力众多的意思。

对于"五则攻之"以下各法，曹操更从兵力使用上作了进一步的发挥，对后世学习《孙子兵法》提供了有益的启示。他说，兵力五倍于敌，就要以3/5的兵力（主力）为正兵，以2/5的兵力（次要兵力）为奇兵，实施钳形攻击。

对于"倍则分之"，曹操指出，兵力两倍于敌，就以1/2的兵力打正面，以1/2的兵力打迂回（或侧击，或背击）。《春秋穀梁传·僖公二十二年》说："倍则攻"，这与孙武所说的"倍则分之"似乎不同，但精神是一致的，都是主张对敌采取攻势行动。而孙武更明确指出，在这种情况下，要尽量造成敌人兵力分散，以便以众击寡、以多胜少。

对于"敌则能战之"，历来注家各说不一。其实，还是曹操的注解最为合理。此句中的"能"字（包括以下两句之"能"字）《经传释词》指出：都是当"乃"字解释，而不是"能够"的意思。此句中的"战"字，曹操认为"善者犹当设奇以胜之"，就是说，当敌我势均力敌时，就要善战。所谓"善战"，就是善于出奇设伏，灵活变化，使敌莫测。把"战"释为"力战""激战""战胜"更符合孙武子的"全胜"思想，无疑是合理的、可取的。

"少则能逃之"，是说兵力对比，质量相等而数量上少于敌人就要退却。曹操的注解似本于"少则能守之"，所以他说："高垒深沟，勿与战也。""不若则能避之"，是说兵力对比，数量相等而质量弱于敌人就要避免决战。

为了求得达到"全胜"的目的，孙武不仅原则地提出了六种战法，而且还以明快的语言提出了必须具备的两个重要条件：一是明君，一是贤将。对于明君，孙武在军事上的表现，谓之进，不知军之不可以退而谓之退，是谓縻军，不知三军之事而同三军之政者，则军士惑矣，不知三军之权而同三军之任，则军士疑矣。"这三条都是君主对军队的瞎指挥。反之，不搞瞎指挥，而是按照军事斗争的特点对将帅进行正确领导的，就是孙武所主张的明君。君与将的关系，孙武并不认为是对立的，相互排斥的，而是认为二者的关系如同辅车相依——国君如同车轮，将帅如同车轮上的支柱——缺一不可。

孙子兵法

孙武又从战争指导上提出了争取『全胜』的五个条件：『知可以战与不可以战者胜，识众寡之用者胜，上下同欲者胜，以虞待不虞者胜，将能而君不御者胜。』这五条『知胜之道』，孙武是从对敌我双方进行侦察判断的角度提出的，所以他的结论是：『知彼知己，百战不殆。』毛泽东同志在《中国革命战争的战略问题》一文中对此曾给予了高度评价：『中国古代大军事学家孙武子书上"知彼知己，百战不殆"这句话，是包括学习和使用两个阶段而说的，包括从认识客观实际中的发展规律，并按照这些规律去决定自己行动克服当前敌人而说的；我们不要看轻这句话。』

孙武毕竟由于历史条件和阶级条件的限制，不可能全面地观察各种类型的战争，也不可能揭示战争的深刻的社会本质，因此，他的全胜思想只是当时特定历史条件下的产物。对于它，我们既不能苛求前人，但也应作出正确的解释。

我们应当看到，春秋时代的许多战争，由于其战争目的和战略企图简单、低级，因而常常只需炫耀一下武力，进行一番外交斗争，或者通过一般的战场较量就达到了政治目的，结束了一场战争。正是在这样的历史条件下，孙武总结和提出了『全胜』思想。十家注孙子中征引《太公兵法》说：『善除患者，理于未生；善胜敌者，胜于无形』。『争胜于白刃之前者，非良将也』。春秋及其以前的战争确实存在这样的客观情况。例如，《左传·僖公四年（前656年）》载：齐楚召陵（今河南郾城东）结盟，就是由于楚军以实力为后盾，楚成王派屈完质问齐桓公，并且面对齐桓公的武力威胁作了有理有节、不卑不亢的外交斗争，从而使齐桓公所纠合的八国之军不敢蠢动，最后在召陵结盟修好的。

还要看到，我们对于孙武的全胜思想不能片面地理解为仅仅是『伐谋』『伐交』『不战而屈人之兵』，而应当把他在战争指挥上的『胜于易胜』（《形篇》）、『胜已败者』（《形篇》）等等用力至少而获胜至大的一系列主张，都看做是全胜的内容。这不是曲解《孙子兵法》，恰恰是全面地看待这一部兵学名著。我们知道，孙武在对待物质条件和精神条件二者的关系上是具有朴素的唯物辩证思想的。如果孙武仅仅把谋略的胜利视为致胜的唯一条件，那么他岂不成了唯意志论者？然而，战争的胜利，必须依靠人和物很好结合才能取得。物质力量必须用物质去战胜，这是任何一个面对现实的战争指导者都懂得的。

还必须看到，孙武的全胜思想对于后世产生了积极的影响，许多著名的兵书和军事家都吸收了这一思想。《司马法》说："上谋不斗。"司马穰苴在齐国明法审令，整饬军队，燕国和晋国闻风丧胆，不战而退。《尉缭子·战权》也说："高之以廊庙之论（战略方针要高明）。"《吴子·图国》中说"五胜者祸，四胜者弊，三胜者霸，二胜者王，一胜者帝"，认为多次取胜而夺天下者，将会招致祸害，只有一次取得胜利的才能成就帝业。以上这些军事思想，都无疑师法于孙武的"全胜"观，并在战国时代加以发展和创新。

那么，"不战而屈人之兵"有没有唯心的成分呢？战争是力量的竞赛。在力量优势、态势有利、主观指导高明的情况下，可以取得损失小而战果大的胜利。但是，这种损失小与战果大是相对的，不能绝对化。"将欲取之，必先予之。"如果企求一种绝对理想的最佳谋略，一种毫不蚀本的最大胜利，那当然是唯心主义的，不切实际的。对孙武这一"全胜"思想的理解，既要看到当时的历史条件，又要正确地把握它的文义。

第四章 形 篇

【原文】

孙子曰：昔之善战者，先为不可胜①，以待敌之可胜②。不可胜在己，可胜在敌③。故善战者，能为不可胜，不能使敌之可胜④。故曰：胜可知而不可为⑤。

【注释】

① 先为不可胜：首先要使自己能不被敌人战胜。为，造成。
② 以待敌之可胜：等待敌人可能被我战胜的时机。梅尧臣注：'藏形内治，伺其虚懈。'
③ 不可胜在己，可胜在敌：使自己不被敌人战胜，主动权在于自己；而要战胜敌人，则取决于敌人有可乘之机。
④ 能为不可胜，不能使敌之可胜：能创造不被敌人战胜的条件，但是不能使敌人有可乘之便，然后出而攻之。'
⑤ 胜可知而不可为：胜利可以预见，而不能强求。张预注：'己有备则胜可知，敌有备则不可为。'

【译文】

孙武说：过去善于用兵作战的人，总是首先做到自己不会被敌人战胜，然后等待敌人可能被我战胜的时机。使自己不被敌人战胜，主动权在自己；而要战胜敌人，则在于敌人有可乘之机。所以善于用兵的人，能创造条件不被敌人战胜，但不能使敌人一定会被我战胜。因此说，胜利可以预见，而不能强求。

【原文】

不可胜者，守也①；可胜者，攻也②。守则不足，攻则有余③。善守者，藏于九地之下④；善攻者，动于九天之上⑤。故能自保而全胜⑥也。

孙子兵法

【注释】

① 不可胜者，守也：使自己不被敌人战胜，关键在于防守得当。何延锡注：「未见敌人形势虚实有可胜之理，则宜固守。」

② 可胜者，攻也：要想战胜敌人，则关键在于进攻得当。张预注：「知彼有可胜之理，则攻其心而取之。」

③ 守则不足，攻则有余：采取守势是由于取胜条件不充分，采取攻势则是由于取胜条件有余。「不足」「有余」也可理解为兵力的少与多。张预注：「吾所以守者，谓取胜之道有所不足，故且待之。吾所以攻者，谓胜敌之事已有其余，故出击之。」汉简本作「守则有余，攻则不足」。

④ 善守者，藏于九地之下：善于防守的人，如同藏在极深的地下一样，巧妙地隐藏军队的行动，使敌人难以探明实情。九，古人认为是数中之最大者。九地，形容极深的地下。杜佑注：「善守备者，务因其山川之阻丘陵之固，使不知所攻，言其深密藏于九地之下。」

⑤ 善攻者，动于九天之上：善于进攻的人，如同自高不可测的天上而降一样，使敌人不及防备。形容进攻行动的突然、迅速。九天，极高的天上，犹言九霄。动，行动，这里指进攻的行动。杜佑注：「善攻者，务因天时地利水火之变，使敌不知所备，言其雷震发动若于九天之上也。」

⑥ 自保而全胜：既能使自己保全，又能取得完全的胜利。张预注：「守则固，是自保也。攻则取，是全胜也。」

【原文】

见胜不过众人之所知①，非善之善者也；战胜而天下曰善②，非善之善者也。故举秋毫不为多力③，见日月不为明目，闻雷霆不为聪耳④。古之所谓善战者，胜于易胜者也⑤。故善战者之胜也，无智名，无勇功⑥。故其战胜不忒⑦。不忒者，

【译文】

要使自己不被敌人战胜，在于防守得当。要想战胜敌人，在于进攻适时。采取防守，是由于兵力不足；采取进攻，则是由于兵力有余。善于防守的人，隐蔽自己的行动像深藏于地下；善于进攻的人，行动时像自九霄而降。因此，既能保全自己，又能夺取完全的胜利。

见胜不过众人之所

其所措必胜⑧，胜已败者⑨也。故善战者，立于不败之地，而不失敌之败也。是故胜兵先胜而后求战⑩，败兵先战而后求胜⑪。善用兵者，修道⑫而保法⑬，故能为胜败之政⑭。

【注释】

①见胜不过众人之所知：能预见胜利，但是超不出一般人的认识。杜牧注："众人之所见，破军杀将然后知胜；我之所见，庙堂之上樽俎之间已知胜负者矣。"

②战胜而天下曰善：经过交战而取胜，天下人都夸赞。张预注："战而后能胜，众人称之曰善，是有智名勇功也，故云非善。若见微察隐，取胜于无形，则真善者也。"《太平御览》作"战胜而天下曰军善"。

③举秋毫不为多力：能举起秋毫算不上力气大。秋毫，兽类在秋季新生的细毛，比喻极为轻微的物体。

④闻雷霆不为聪耳：能听见雷声算不得耳朵灵敏。聪，听力敏锐。

⑤胜于易胜者也：取胜于容易战胜的对手。易胜者，容易取胜的敌人。《太平御览》作"胜胜易胜者也"。

⑥故善战者之胜也：无奇胜，无智名，无勇功：善于用兵作战的人取得胜利，并不显出智谋的名声和勇武的战功。张预注："阴谋潜运，取胜于无形，天下不闻料敌制胜之智，不见褰旗斩将之功，若留侯未尝有战斗功是也。"汉简本作"故善者之战，无奇胜，无智名，无勇功"。

⑦不忒：忒，差错、失误。不忒，即无差错。

⑧其所措必胜：措，措置、举措。

⑨胜已败者：战胜的是已经处于失败地位的敌人。李筌注："师老卒惰，法令不一，谓已败也。"

⑩胜兵先胜而后求战：打胜仗的军队总是先争取得胜利，然后再去与敌人交战。胜兵，取胜的军队。先胜，先创造取胜的条件。《尉缭子·攻权》："兵不必胜，不可以言战；攻不必拔，不可以言攻。"同样强调要打有把握之仗。

⑪败兵先战而后求胜：打败仗的军队总是贸然交战，然后期求侥幸取胜。何延锡注："若不先谋而欲恃强，胜未必也。"

⑫修道：修明不被敌所胜之道。曹操注："善用兵者，先自修治为不可胜之道。"

【译文】

能预见胜利但不超出一般人的见识，不是高明中最高明的；经过交战而取胜，天下人都说好，也不是高明中最高明的。这就如同能举起秋毫算不上力大，能看见日月算不上眼明，能听见雷声算不上耳灵一样。古时候所谓善于用兵的人，总是战胜那些容易取胜的敌人。之所以不会出差错，在于他们的作战措施建立在确有把握的基础上，战胜的是已经处于失败地位的敌人。善于用兵的人，总是使自己立于不败之地，同时不放过任何战胜敌人的机会。因此，打胜仗的军队总是先去创造胜利的条件，而后才去与敌人交战；而打败仗的军队，总是先贸然与敌人交战，而后企求侥幸取胜。善于用兵的，要修明不被敌所胜之道，确保必能胜敌之法度，所以能够掌握胜败的决定权。

⑬保法：确保必能胜敌之法度。张预注：『保守制敌之法。』

⑭故能为胜败之政：所以能够主宰胜败。政，此处为主宰、决定之意。

【原文】

兵法①：一曰度②，二曰量③，三曰数④，四曰称⑤，五曰胜。地生度⑥，度生量⑦，量生数⑧，数生称⑨，称生胜⑩。

故胜兵若以镒称铢⑪，败兵若以铢称镒。胜者之战民也⑫，若决积水于千仞之溪者⑬，形⑭也。

【注释】

①兵法：用兵的原则。汉简本作『法』。

②度：贾林注：『度土地也。』指的是国土面积的大小。

③量：贾林注：『量人力多少，仓廪虚实。』

④数：兵力数量的多寡。

⑤称：实力状况的对比。

⑥地生度：双方地域的差异，产生『度』的不同。

⑦度生量：地域面积的差异，产生物资资源的『量』的不同。

孙子兵法

⑧量生数：物资资源的差异，产生兵力众寡的「数」的不同。

⑨数生称：兵力数量的差异，产生军事实力对比的「称」的不同。

⑩称生胜：双方军事实力对比的差异，决定了战争胜负的不同。

⑪胜兵若以镒称铢：胜利的军队对失败的军队拥有实力上的绝对优势，就像用镒称铢一样轻而易举。镒、铢，都是古代的重量单位。一镒为二十四两，一两为二十四铢。按此换算，一镒等于五百七十六铢，二者轻重悬殊。

⑫胜者之战民也：胜利者指挥士卒作战。民，这里指士卒。战民，指挥士卒作战，与卷五《势篇》中「任势者，其战人也，如转木石」之「战人」意思相同。

⑬若决积水于千仞之溪者：就像在千仞高处决开溪中的积水那样。仞，古时长度单位。曹操注：「八尺曰仞。」千仞，非确数，用以形容极高。张预注：「水之性避高而趋下，决之赴深溪，固湍浚而莫之御也。兵之形像水，乘敌之不备，掩敌之不意，避实而击虚，亦莫之制也。」

⑭形：此处指的是军事实力。

【译文】

用兵的原则有五条：一是「度」，二是「量」，三是「数」，四是「称」，五是「胜」。由于双方所处地域的差异，产生土地幅员「度」的不同；地域幅员的差异，产生物资资源「量」的不同；由物资资源的差异，产生兵力众寡「数」的不同；由兵力数量的差异，产生军事实力强弱「称」的不同；由军事实力强弱的差异，决定战争的胜败。因此，胜利的军队与失败的军队相比，就像以「铢」称「镒」一样，处于绝对优势；失败的军队与胜利的军队相比，就像在千丈高处决开山涧中的积水一样势不可当。胜利者指挥士卒作战，就像在千仞高处决开溪中的积水那样。这就是表现为军事实力的「形」。

【品读】

《形篇》之「形」，就是形体之意，指客观物质力量，在军事上就表现为众寡、强弱，即兵力数量的多少、军队战斗力的强弱和军事素质的优劣。全篇主要论述在自己立于不败之地的前提下，对敌实行进攻所必须具备的军孙武在本篇提出了一个重要的作战指导思想：「胜兵先胜而后求战，败兵先战而后求胜。」十分明确地表示出不打则已，打则必胜这样一种不打无把握之仗的思想，反对侥幸求胜的鲁莽灭裂的作战指导。他正是围绕着这一中心，对攻防关系作了极为深刻而精辟的论述。

为了进行有把握取胜的作战，孙武主张首先要「先为不可胜，以待敌之可胜」。那么什么是「不可胜」和「可胜」的手段呢？他明确回答说：「不可胜，守也；可胜，攻也。」由于他认为不可被敌战胜的最好作战形式是防守，因而要求采取防御态势，消灭自己的弱点，巩固自己的战场地位。

人们不禁要进一步追问，为什么采取防御部署就能做到「不可胜」呢？对此，孙武也作了有分析的回答。至少在本篇中作了这样三方面的分析：一、「不可胜在己」。因为知彼与知己二者比较，当然知己容易知彼难。自己既对自己的兵力、地形等各方面条件有充分的了解，因而有把握、有条件作出正确的防御部署。二、「守则不足」。防守是由于兵力不足，但同样的兵力用于防御，兵力还有富裕。攻与防所用兵力的比例大体是2：1，语所谓「一夫当关，万夫莫开」。还因为战线较短，后勤供应比攻方要便利容易得多。这「以待」二字就是待机的意思。由于防御者处于「主人」地位，进攻者处于「客」的地位。这种主客形势就包含有主动、被动的因素。防御者可以从容地观察进攻者的部署和行动，然后趁机予以打击。

孙武对于攻防、胜负的论述十分谨慎，他只表示：采取防御可以做到保全自己，但能不能取得胜利他不打包票，那要看是什么样的敌人，所谓「可胜在敌」。

孙武看到，防御只是「自保」的作战形式，要取得消灭敌人的胜利，还必须采取进攻的作战形式，所谓「可胜者，攻也」。对于进攻作战，孙武所企求的胜利，仍然贯穿了他的「全胜」思想。在本篇中，对于「全胜」的战略思想作了更进一步的发挥，提出「胜于易胜」的指导原则。他说：采取进攻作战所夺取的胜利，如果在战争预测上，「见胜不过众人之所知」，如果在战争结局上「战胜而天下曰善」，都是「非善之善者也」。那么怎样的胜利才是他所

人半」。即攻者兵力两倍，防者为其一半。这是因为防御的一方有工事可以依托，有良好的阵地可以阻遏敌人进攻，俗《孙膑兵法·客主人分》就说过「客倍主

孙子兵法

上篇·原典释译

四一

孙子兵法

企求的标准呢？那就是：「无智名，无勇功。故其战胜不忒，不忒者，其所措必胜，胜已败者也。」进攻那已经处于失败地位的敌人，这就是孙武对「胜于易胜」的进一步说明，也是孙武「先胜而后求战」，不打无把握之仗的指导思想的进一步深化。

「胜已败」之敌，不是主观随意想象所能实现的，必须有具体的措施。孙武提到了两点：一是「修道而保法，故能为胜败之政」。从这里也可看出孙武对于修明政治，确保法治是十分重视的。虽然在这里只是一句话，然而分量很重。他所以对这个问题在这里略而言之，是因为在《计篇》中他已详细论述了。

二是『称胜』——造成优势的客观物质条件。孙武在这里提出了一个十分重要的战斗力计算问题。这是他继《计篇》战略运筹（庙算）之后，又一次在战术范围内把数量分析引进到军事领域之中。他说：战斗力可按照度、量、数、称、胜依次进行直算。根据地幅的大小、险易，可以获得对双方土地面积和战场地形的测度，这就是『度』；根据对地形的测度，可以获得双方土地物产资源和兵力展开的战场容量，这就是『量』；根据战场容量的程度，可以获得敌我双方物产兵力数量，同时也可算出自己所应部署的兵力数量，这就是『数』；根据我双方兵力数量的对比，可以知道谁强谁弱的作战能力，这就是『称』；根据作战能力的大小就可以判断谁胜谁负。张预在注释中引李靖兵法说：「教士犹布棋于盘，若无画路，棋安用之？」张预的解释无疑是可备一说的。因为，孙武既然主张预见胜利要超出众人之上，所以在定下作战决心时必须有科学的依据，以便去制定作战计划，指导战斗行动，达到他所需求的用最小的代价换取最大胜利的目的。

孙武关于计算问题的提出，是与当时生产力的发展水平相一致的。据《左传·昭公三十二年（前510年）》载：晋国的士弥牟修筑成周城，由于他对整个工程的长度、高度、宽度、沟渠的深度、用土的数量、运输的远近、竣工的日期，需用的人工及所要消耗的粮食数量等，进行了精确的计算，因而在三十天内如期完成了任务。由此可以看出当时数学的运用已有较高的水平。这也必然反映在战争上的运用。例如《七法》篇说：「刚柔也，轻重也，大小也，实虚也，远近也，多少也，谓之计数。」至于战国成书于春秋至战国的《管子》中就大量地论述了数学计算在军事时代的兵学家们,对于战术计算则更加重视,也更加缜密。例如《六韬》中谈到『法算』这一职掌,就是专门进行战术计算的参谋人员。

孙武把力量对比建立在科学计算的基础上,而且他要求这种强弱对比如同『以镒称铢』那样占有绝对优势。因此,这样优势的兵力一旦向敌发起进攻,就如同蓄积于高山之水,一经决开,奔腾而下,莫可换御。

按照孙武这样去指导战争,就如同陈皞在注释中所说的,可以做到『筹不虚运,策不徒发』。每战都仔细计划,慎重行动,非有十分把握决不贸然用兵,自然就能战必胜,攻必克。

第五章 势 篇

【原文】

孙子曰：凡治众如治寡①，分数②是也；斗众如斗寡③，形名④是也；三军之众，可使必受敌而无败⑤者，奇正⑥是也；兵之所加，如以碫投卵⑦者，虚实⑧是也。

【注释】

① 治众如治寡：治理人数众多的军队与治理人数很少的军队一样。众、寡，这里指军队人数的多与少。

② 分数：军队的组织编制。杜牧注：『分者，分别也；数者，人数也。言部曲行伍皆分别其人数多少，各任偏裨长伍，训练升降，皆责成之，故我所治者寡也。』

③ 斗众如斗寡：指挥人数众多的军队作战与指挥人数很少的军队作战一样。斗众，指挥人数多的军队作战，使动用法。

④ 形名：军队的军事号令。『形』指目所见者，『名』指耳可闻者。与《军政篇》中的『言不相闻，故为鼓铎；视不相见，故为旌旗』意近。

⑤ 必受敌而无败：即便受到敌军攻击，也不致失败。必，即使，一旦。一说，必是『毕』的通假字，完全、全部之意。全句意为：整个军队受到敌军攻击而没有失败。王晢注：『必，当作毕，字误也。奇正还相生，故毕受敌而无败也。』汉简本作『毕受敌而无败』。

⑥ 奇正：古代兵法中的重要术语，含义颇广。在兵力部署上，正面受敌者为正，机动突击者为奇。在作战方式上，正面攻击为正，迂回侧击为奇。按一般原则作战为正，采取特殊方法作战为奇，等等。阿延锡注：『大抵用兵皆有奇正，无奇正而胜者，倖胜也。』

⑦ 以碫投卵：拿坚硬的石头去砸禽蛋。碫，磨刀石，一种坚硬的石块。这里用来比喻以实击虚。

⑧ 虚实：古代兵法中的重要术语。常指军事实力上的强弱、优劣等。

孙子兵法

【译文】

孙武说：一般来说，治理人数多的军队与治理人数少的军队一样，这是军队的组织编制问题。指挥人数多的军队作战与指挥人数少的军队作战一样，这是指挥号令的问题。整个军队受到敌人的进攻而不会失败，这是正确运用『奇正』战术的运用问题。军队攻击敌人，就像以石击卵一样，这是正确运用『虚实』的问题。

【原文】

凡战者，以正合，以奇胜①。故善出奇者，无穷如天地，不竭如江河②。终而复始，日月是也；死而复生，四时是也③。声不过五、五声之变④，不可胜听⑤也。色不过五，五色之变⑥，不可胜观也。味不过五，五味之变⑦，不可胜尝也。战势不过奇正⑧，奇正之变，不可胜穷也。奇正相生⑨，如循环之无端⑩，孰能穷之⑪？

【注释】

① 以正合，以奇胜：以正兵交战，以奇兵制胜。合，合战、交战。曹操注：『正者当敌，奇兵从旁击不备也。』

② 善出奇者，无穷如天地，不竭如江河：善于出奇制胜的人，其战法的奇正变化就像天地万物那样变化无穷，像江河之水那样奔流不息。

③ 死而复生，四时是也：死、生，这里是指四季的更替。

④ 五声之变：古代以宫、商、角、徵、羽五个基本音阶表示乐音的高低，称为五声，或五音。变，变化。

⑤ 不可胜听：听来不可穷尽。胜，尽，穷尽。

⑥ 五色之变：古代以青、赤、黄、白、黑五种基本颜色为正色，称为五色。

⑦ 五味之变：甜、酸、苦、辣、咸五种味道的变化。

⑧ 战势不过奇正：作战的形式不外乎奇和正的运用，战势，作战形式。张预注：『战阵之势，止于奇正一事而已，及其变而用之，则万途千辙，乌可穷尽也。』

⑨ 奇正相生：奇正之间的相互依存和转化关系。这里强调的是奇正双方的统一性问题。

⑩ 如循环之无端：就像顺着圆环旋转一样，无止无休。循，顺着、沿着。环，圆环。无端，没有尽头。何延锡注：

孙子兵法

上篇·原典释译

"奇正生而转相为变，如循历其环，求首尾之莫穷也。"

【译文】

凡是用兵作战，都是用正兵当敌，用奇兵取胜。所以，善于出奇制胜的指挥者，其战法的变化有如天地那样不可穷尽，像江河那样不会枯竭。周而复始，如同日月的运行，去而复来，如同四季的更替。乐音不过五个音阶，然而这五音的变化，却会听不胜听；颜色不过五种色素，然而这五色的变化，却是看不胜看；滋味不过五种，然而这五味的变化，却是尝不胜尝。作战的形式不过是奇、正两种，然而奇、正之间的相互转化，就像顺着圆环绕行一样，无始无终，谁又能穷尽它呢？

⑪孰能穷之：谁能够穷尽它呢？孰，何，谁。之，指代奇正的变化。

【原文】

激水之疾①，至于漂石者，势也；鸷鸟之疾②，至于毁折③者，节④也。是故善战者，其势险，其节短。势如彍弩⑤，节如发机⑥。

【注释】

①激水之疾：激，湍急。疾，迅猛、快速。湍急的流水飞速奔泻。杜佑注："水性柔弱，石性刚重，至于漂转大石，投之洿下，皆由急疾之流，激得其势。"

②鸷鸟之疾：猛禽迅飞搏击。鸷鸟，凶猛的飞禽，如鹰、雕、鹫等。

③毁折：这里指鸷鸟捕杀鸟兽。

④节：节奏。这里指搏击的动作既迅疾又有节制。杜牧注："节者，节量远近则攫之，故能毁折物也。"

⑤彍弩：拉满待发的弩弓。彍（同郭），把弓拉满。杜佑注："彍，张也。言形势之彍如弩之张。"

⑥节如发机：发机，击发弩机，将箭射出。机，弩上的机组，类似枪上的扳机。陈皞注："弩之发机，近则易中；战之遇敌，疾则易捷。"

四六

【译文】

湍急的水流飞速奔泻,以致可以漂移石头,这是流速迅疾形成的「势」;猛禽迅飞搏击,以致能捕杀鸟兽,这是短促迅捷的「节」。所以善于用兵作战的人,他所造成的态势险峻逼人,他所掌握的进攻节奏短促有力。这种态势的险峻,如同张满的弓弩,这种迅疾的节奏,就像击发弩机。

【原文】

纷纷纭纭①,斗乱而不可乱也②;浑浑沌沌③,形圆而不可败④也。乱生于治⑤,怯生于勇⑥,弱生于强⑦。治乱,数也⑧;勇怯,势也;强弱,形也。故善动敌者,形之,敌必从之⑨;予之,敌必取之。以利动之,以卒待之⑩。

【注释】

①纷纷纭纭:这里指旌旗杂乱的情形。
②斗乱而不可乱也:在混乱的状态中作战却要做到有序不乱。斗乱,在乱中作战。杜佑注:「视之若散,扰之若乱,然其法令素定,度帜分明,各有分数,扰而不乱者也。」
③浑浑沌沌:混杂迷蒙不清。
④形圆而不可败:阵势部署首尾呼应,能应付各方面的攻击。梅尧臣注:「形无首尾,应无前后,阳旋阴转,欲败而不能败。」
⑤乱生于治:混乱产生于严整之中。贾林注:「恃治则乱生。」另一说,军队要示敌以混乱,必须有严整的组织。
⑥怯生于勇:怯懦产生于勇敢之中。杜牧注:「欲伪为怯形以伺敌人,先须至勇,然后能为伪怯也。」另一说,军队要示敌以怯懦,必须具备勇敢的素质。
⑦弱生于强:弱小产生于强大之中。贾林注:「恃勇强则怯弱生。」另一说,军队要示敌以弱小,必须具有强大的实力。张预注:「能示敌以强大,必已之强也。」
⑧治乱,数也:军队的严整与混乱,取决于组织纪律的约束是否有序。王皙注:「治乱者数之变。数,谓法制。」
⑨形之,敌必从之:以假象迷惑敌人,让他判断失误,他必定会上当。形,示形。张预注:「形之以羸弱,敌必来从

孙子兵法　上篇·原典释译

四七

孙子兵法

⑩以利动之,以卒待之:用小利去调动敌人,用伏兵伺机破敌。动,调动。卒,这里意为伏兵。何延锡注:"敌贪我利,则失行列,利既能动,则以所待之卒击之,无不胜也。"

【译文】

在战旗纷乱的混杂状态中作战,要做到队伍严整不乱。在浑沌迷蒙的情况下,要部署阵势首尾呼应,对各方面的攻击应付自如。军队要示敌以混乱,必须有严整的组织。示敌以怯懦,必须具备勇敢的素质。示敌以弱小,必须拥有强大的实力。军队的严整或混乱,取决于组织纪律的约束是否严密。军队的勇敢或怯懦,取决于作战态势的优劣。军队的强大或弱小,取决于双方的实力对比。所以,善于调动敌人的指挥者,以假象迷惑欺骗敌人,敌人就会上当;予敌以利,敌人就会受骗。用小利去调动敌人,同时以伏兵伺机攻击它。

【原文】

故善战者,求之于势,不责于人①,故能择人而任势②。任势者,其战人③也,如转木石。木石之性④,安则静,危则动⑤,方则止,圆则行。故善战人之势,如转圆石于千仞之山者,势也。

【注释】

①求之于势,不责于人:把注意力放在追求有利的战略态势方面,而不是单纯苛求部属。

②择人而任势:选择适宜的人才,充分驾驭形势。李筌注:"得势而战,人怯者能勇。故能择其所能任之。夫勇者可战,谨慎者可守,智者可说,无弃物也。"

③战人:即指挥士卒作战。与《形篇》中『战民』含义相同。

④木石之性:木、石的特性。

⑤安则静,危则动:在地势平坦之处则静止,在地势陡峭之地则滚动。安,安稳,此处指平坦的地势。静,平静、静止。危,危险、陡峭,此处指险峻的地势。梅尧臣注:"木石,重物也,易以势动,难以力移。三军,至众也,可以势战,不可以力使。自然之道也。"

孙子兵法

【译文】

所以善于用兵作战的人，总是致力于创造有利的作战态势，而不去苛求部属，因此他能够选择适宜的人才充分驾驭形势。善于利用军事态势的将帅，指挥作战就像滚动木头，石头一样。木、石的特性是，放在安稳平坦的地方就静止，放在险峻陡峭的地方就滚动。方形的东西静止不动，圆形的东西容易滚动。所以，善于用兵作战的人所造成的有利态势，就好像把圆石从千丈高峰滚落下来一样，这就是所谓的『势』。

【品读】

《势篇》的『势』，是《形篇》的『形』（军事实力）的表现。换言之，『势』就是在军事实力的基础上，由于实行正确的作战指挥，从而在战场上所表现出的实际作战能力。《形篇》讲的是客观物质力量的积聚，《势篇》讲的是主观能动作用的发挥，这两篇是紧相联系不可分割的姊妹篇。我们从中也可看出，孙武在认识论上，反映了物质是第一性的、意识是第二性的这一朴素的唯物主义思想。

主观能动性在军事上的表现是多方面的，孙武在本篇着重论述的是作战指挥问题。它主要表现为正确地变换战术和灵活地使用兵力。

孙武首先提出了四个范畴：分数、形名、奇正、虚实。这四者的先后顺序，不是随意排列的。他认为，从指挥关系上说，分数（组织编制）是第一位的，能否治理、提挈全军，这是关键。其次才是『形名』。对于『形名』，历来注家各说不一。我认为杜牧的说法是可取的，他认为『形』指阵形，『名』指旌旗。可以说『形名』就是作战队形的排列之法。孙武所谓『斗众如斗寡，形名是也』，其意正如杜牧所注『战百万之兵，如战一夫』。对付兵力众多之敌如同对付兵力缺少之敌一样，在冷兵器时代方阵的排列组合确实是一个关键问题。唯有阵形严整有序，攻防兼备，机动性强，才能真正把《形篇》所计算的『称胜』（优势兵力）表现在作战过程的始终。再次是『奇正』，即变换战术和使用兵力，这是孙武在本篇所要论述的中心。最后是『虚实』，即避实击虚的作战指导，这是下一篇的篇名和论证中心。孙武的思想逻辑是，要取得作战胜利，首先军队要有严密的组织体系，再要有一个严正整齐、

孙子兵法

训练有素、善于机动的堂堂之阵，然后要有精通战术的将领指挥作战，最后是正确选定主攻方向，从而把胜利的可能性变为胜利的现实性。孙武指出："战势不过奇正。"无论攻、防、遭、追、退，从作战指挥上说只有「奇」和「正」两种形式。两者的关系是对立统一的关系。他说："凡战者，以正合，以奇胜。"又说"奇正相生，如循环之无端"，既相互区别，又相互联系。孙武的「奇正」命题，受到后世军事学家的高度重视，认为「奇正者，用兵之铃键，制胜之枢机也」（王皙《孙子注》）。

那么，这个变化无穷的「奇正」到底包括些什么内容呢？对于这个问题，历来注家众说纷纭，有必要在这里作一些粗浅的分析。

我们知道，春秋时代还没有战争、战役、战斗的区别。因此，孙武所说的奇正之变既可以指现代意义的战略范畴，也可以指现代意义的战术范畴。在战略范畴内，例如公开宣战是正，突然袭击是奇；从战略（庙算）上权衡敌强我弱是正，而在战场上改变这种态势就是奇，等等。在战术范畴内，方阵本身的方、圆、曲、直、锐各种队形的变换就是奇正的变化。因为方阵之中就区分为正兵和奇兵。当正兵和奇兵收拢为首尾相接的一个整体时就构成圆阵。《吴子·治兵》有兴趣的读者，可以参看《十一家注孙子》此句的杜牧注。他对方阵的奇正战术变化作了详细的引证和解说，值得一读。孙武在本篇中所说的『浑浑沌沌、形圆而不可败也』，指的是圆阵的浑圆的外形，圆阵的变化有着详明的记载，可以参看。《吴子·治兵》对于方阵、圆阵分开配置时就构成一个方阵。当正兵和奇兵收拢为首尾相接的一个整体时就构成圆阵。即所谓『卒骑转而形圆者』（曹操注）。

其次，正与奇的关系又是主要兵力与次要兵力的关系。我们在《谋政》中用曹操注说明了这一点。「奇正相生」，倍于敌时，就以三倍于敌的次要兵力为奇兵。然而这不是刻板的规定，二倍于敌的次要兵力为奇兵，二倍于敌的主要兵力为奇兵。例如兵力五倍于敌时，就以三倍于敌的次要兵力为奇兵。然而这不是刻板的规定，正兵与奇兵的主从关系是可以转化的。杜牧注说："『奇亦为正之正，正亦为奇之奇，彼此相用，循环无穷也。』"孙武所说的"『凡战者，以正合，以奇胜』，正兵可以取胜，奇兵也可以取胜。这比孙武所说的以正合，以奇胜，似乎更全面，更辩证，而不致产生疑窦。

正兵与奇兵的主从关系是可以转化的。杜牧注说："『正亦胜，奇亦胜』，正兵用于当敌，奇兵才能取胜，奇兵也可以取胜。这比孙武所说的以正合，以奇胜，似乎更全面，更辩证，而不致产生疑窦。

能变正，正能变奇，奇正相变，不可穷尽。孙武所说的『奇亦为正之正，正亦为奇之奇』，正兵与奇兵的主从关系是可以转化的。杜牧注说：

是就一般情况而言，《李卫公问对》解释说："『正亦胜，奇亦胜』，正兵可以取胜，奇兵也可以取胜。这比孙武所说的以正合，以奇胜，似乎更全面，更辩证，而不致产生疑窦。

说的以正合，以奇胜，似乎更全面，更辩证，而不致产生疑窦。

于是，这就提出第三个问题，『奇正』除指奇兵、正兵而外还应当有更为广泛的含义。事实正是这样，在作战指挥上，凡是一般指挥原则和方法（常法）是「正」，而临敌制变、慧心独创的指挥原则和方法（变法）是「奇」。例如，「十则围之」是正，「围师必阙」是奇；「绝地无留」是正，「陷之死地而后生」是奇，等等。《李卫公问对》中，唐太宗对于孙武的奇正有着出人意表的理解。他说：「以奇为正，使敌视以为正，则吾以奇击之；以正为奇，使敌视以为奇，则吾以正击之。」这样就把奇正的辩证关系和在实践中的灵活运用阐发得更为透辟了。战争是智慧的竞赛，更是力量的竞赛。奇正之变毕竟不是戏法之变，真正做到出奇制胜，孙武用「势险」和「节短」两个重要原则，这也说是古代兵家所说的「造势」。「势险」说的是军队运动的速度，孙武用「激水之疾（急速），至于漂石」作比喻，强调速度是发挥战斗力的重要条件。「节短」说的是军队发起冲锋的距离，孙武用「鸷鸟之疾，至于毁折」作比喻，要求军队发起冲锋时应像雄鹰搏击小鸡那样以迅猛的速度在短距离上突然发起攻击。「势险」「节短」就是孙武「造势」思想的要义所在。

那么如何才能做到「势险」「节短」呢？孙武提出了一个著名的作战原则——「以利动之，以卒待之」。注家们称之为「动敌」。用今天的话说，就是实施机动，调动敌人。成功的机动是「造势」的关键。因为机动的目的就在于造成和利用敌人的过失或弱点，以便取得主动，形成优势地位。无论古今，机动没有「示形」（伪装和欺骗）是不能成功的。春秋时代的战例表明，机动的样式已出现包围、迂回、伏击、截击、侧击等正面的机动或翼侧的机动。例如伏击战术，公元前714年郑国的公子突，面对北戎入侵，采取先用勇士诱敌，预设三层埋伏，终使戎师大败（《左传·隐公九年》）。如轮番疲敌的车轮战术，公元前564年，晋国中军元帅智䓨提出了「三分四军」（《左传·襄公九年》）的御楚战术。即把晋国上、中、下、新四军分为三部分轮番同楚军作战，使楚军得不到休整。五十二年之后，即公元前512年吴国将军伍员更把智䓨提出的这一战术提高到战略范围使用，使楚军疲于奔命，为吴国对楚国的战略奇袭打下了胜利的基础。秦郑崤之战，吴楚鸠兹之战、皋舟之战、乾溪之战等，都是截击战术，攻其无备，则有公元前718年的郑军袭燕、前690年楚军灭息、前655年晋灭虞、前575年郑军胜宋、前537年吴楚鹊岸之战、鲁莒蚡泉之战、前530年晋军灭肥等不下二十个典型战例。同样，其他如示形制敌、先发制人、持重待机等，都在春秋时代的战史中出现了。孙武对当时的战争经验作出了如下的总结：

"乱生于治，怯生于勇，弱生于强。治乱，数也；勇怯，势也；强弱，形也。故善动敌者，形之，敌必从之，予之，敌必取之。以利动之，以卒待之。"

在这里，孙武首先指出：作战时部队要能伪装混乱以诱敌，战前必须先有严明的法治；作战时部队要能伪装怯懦以诱敌，战前必须先有勇敢的素质；作战时要能伪装弱小以诱敌，战前必须先有强大的兵力。部队实治而敢于示敌以乱，是因为组织有序；部队实勇而敢于示敌以怯，是因为态势有利；部队实强而敢于示敌以弱，是因为兵力强大。具备了这样的前提条件，欺骗敌人，敌人就会听从调动。引诱敌人，敌人必会贪利上当。这样才能用小利调动敌人进入我待机地域，然后用主力在较短的距离上，用最迅急的速度突然发起攻击，打击敌人。这样的战法能否巧妙地运用，孙武认为既要"择人"，又要"任势"——造成有利的战场态势。他用沉重的方木与方石，圆木与圆石来比喻"任势"。方木、方石呆板不动，圆木、圆石灵活滚动。显然，这又是"全胜"思想在作战指导上的指挥就像把沉重的圆石从高山上飞滚而下一样，用力很小而战果辉煌。那么作战指挥也是这个道理，机动灵活的进一步发挥。从《势篇》中我们可以看到，孙武的思想是多么缜密，论辩是多么严谨，结论又是多么具有普遍意义。

第六章 虚实篇

【原文】

孙子曰：凡先处战地而待敌者佚①，后处战地而趋战者劳②。故善战者，致人而不致于人③。能使敌人自至者，利之也④。能使敌人不得至者，害之也⑤。故敌佚能劳之⑥，饱能饥之⑦，安能动之⑧。

【注释】

①凡先处战地而待敌者佚：处，占据，占领。《太平御览》作"据"。佚，汉简本作"失"，通"逸"，闲逸、从容。张预注："形势之地，我先据之，以待敌人之来。则士马闲逸，而力有余。"

②后处战地而趋战者劳：趋，疾走，快步而行。这里有仓促之意。趋战，即仓促间奔赴应战。劳，劳倦；疲弊。孟氏注："若敌已处便势之地，己方赴利，士马劳倦，则不利矣。"在战争中如有利地形、时机被敌人占据而仓促之间应战，则易陷于被动、疲弊。

③致人而不致于人：致，招致，引致。杜佑注："言两军相远，强弱俱敌，彼可使历险而来，我不可历险而往，必能引致敌人，己不往从也。"致人，调动对方。致于人，被对方所调动。

④能使敌人自至者，利之也：自至，自动前来。利之，以利相诱。此谓以利诱使敌人自来就歼。

⑤能使敌人不得至者，害之也：害，阻挠，扰乱。杜佑注："出其所必趋，攻其所必救，能守其险害之要路，敌不得自至。"此句谓使敌人无法到达战地，是由于对它进行了牵制、阻挠。

⑥敌佚能劳之：李筌注："劳，疲弊。使敌人由安逸变为疲弊、劳倦。"

⑦饱能饥之：曹操注："绝粮道以饥之。""饥之，使它饥饿、匮乏。使敌人由供应充足变为饥乏。"

⑧安能动之：李筌注："出其所必趋，击其所不意，攻其所必爱，使不得不救也。"设法调动敌人，使之不能安稳。

【译文】

孙武说：凡先到达战地等待敌人前来的就从容主动，后到达战地匆忙应战的就疲倦被动。因此善于作战的人，

孙子兵法

总是调动敌人而不被敌人调动。能让敌人自动前来就歼，是因为用小利引诱他。能让敌人无法到达他的预定地域，是因为设法阻挠他。所以敌人如在从容休整，就要设法让他疲弊。敌人粮饷供应充足，就要设法让他饥饿匮乏。敌人守备稳固，就要设法调动它。

[原文]

出其所不趋①，趋其所不意②。行千里而不劳者，行于无人之地也③。攻而必取者，攻其所不守也④；守而必固者，守其所不攻也⑤。故善攻者，敌不知其所守；善守者，敌不知其所攻⑥。微乎微乎，至于无形⑦；神乎神乎，至于无声⑧，故能为敌之司命⑨。

[注释]

①出其所不趋：趋，奔赴，此指进军。曹操注：「使敌不得不相往而救之也。」汉简本作「出于其所必趋也」，《太平御览》作「出其所必趋」。此句谓进军要指向敌人不及救援的地方。

②趋其所不意：与上句意相近，谓进攻敌人意料不到的地方。

③行千里而不劳者，行于无人之地也：无人之地，指敌人没有防备的地方。汉简本「不劳」作「不畏」，「无人之地」前无「于」字。杜牧注：「言不劳者，空虚之地，无敌人之虞。行止在我，故不劳也」。

④攻而必取者：张预注：「善攻者动于九天之上，使敌人莫之能备，则吾之所攻者，乃敌之所不守也。」

⑤守而必固者：杜牧注：「不攻尚守，何况其所攻乎。」汉简本二句皆无「其」字。王晳注：「善攻者待敌有可胜之隙，攻而必取者，攻其所不攻也」。

⑥故善攻者，敌不知其所守；善守者，敌不知其所攻：汉简本作「守而必固者，守其所不攻也」。云不知者，攻守之术，微妙神秘，至于无形之可睹。

⑦微乎微乎：微，微妙。杨惊注：「微妙，精尽也。」张预注：「攻守之术，微妙神秘，至于无形之可睹。」

⑧神乎神乎，至于无声：神，神奇。杜佑注：「言变化之形倏忽若神，故能科敌死生，如天之司命也。」

⑨故能为敌之司命

⑨故能为敌之司命：司命，星官名。《周礼·春官大宗伯》有："文昌司命"。《楚辞·九歌》中有少司命。此处指命运的主宰。张预注："故敌人生死之命，皆主于我也。"

【译文】

要出兵向敌人无法救援的地区。进攻而必定取得胜利，是因为攻击敌人预料不到的地方。千里行军而不疲劳，是因为行进在敌人没有防备的地区。进攻而必定取得胜利，是因为攻击敌人未加防守的地方。防守而必定使阵地稳固，是因为防守的是敌人无法攻破的地方。所以善于进攻的人，让敌人不知道如何防守；善于防守的人，让敌人不知道如何进攻。微妙啊微妙，以至于使人看不出任何形迹；神奇啊神奇，以至于使人听不到一点声息，所以能够主宰敌人的命运。

【原文】

进而不可御者，冲其虚也①；退而不可追者，速而不可及也②。故我欲战，敌虽高垒深沟，不得不与我战者，攻其所必救③也；我不欲战，画地而守之，敌不得与我战者，乖其所之④也。

【注释】

①进而不可御者，冲其虚也：御，抵御、抗衡。冲，进击、攻击。虚，空虚懈怠。杜佑注："冲突其空虚也。"张预注："对垒相持之际，见彼之虚隙，则急进而捣之，敌岂能御我也。"

②退而不可追者，速而不可及也：汉简本"追"作"止"。《太平御览》"速"作"远"。及，追上。杜牧注："既攻其虚，敌必败。败丧之后，安能追我，我故得以疾退也。"

③攻其所必救：攻击敌人必定要救援的地方。梅尧臣注："攻其要害。"

④乖其所之：乖，违背。这里有改变、有意诱导之意。李筌注："乖，异也。设奇异而疑之，是以敌不可得与我战。"

【译文】

进攻时使敌人无法抵御的，是因为攻击了敌人虚弱懈怠的地方，退却时使敌人无法追击的，是由于行动神速而使敌人来不及追赶。如果我们要交战，敌人虽然有高垒深沟也不得不出来应战，是因为我军攻击的是敌人所必定要救援的要害，我们不打算交战时，虽然是画地防守，敌人也不能前来交战，是因为我们引导敌人改变了进攻的方向。

孙子兵法

上篇·原典释译

【原文】

故形人而我无形①，则我专而敌分②。我专为一，敌分为十，是以十攻其一也③，则我众而敌寡，能以众击寡者，则吾之所与战者约矣④。吾所与战之地不可知⑤，不可知，则敌所备者多⑥，敌所备者多，则吾所与战者寡矣⑦。故备前则后寡，备后则前寡；备左则右寡，备右则左寡，无所不备，则无所不寡⑧。寡者，备人者也⑨；众者，使人备己者也⑩。

【注释】

① 形人而我无形：形，此处为动词，使之暴露、显露。形人，使敌人暴露其兵力部署等情况。我无形，此"形"字为名词，即我军不显露形迹。

② 我专而敌分：专，集中。分，分散。

③ 是以十攻其一也：汉简本作"以十击一"。杜佑注："他人有形，我形不见，击彼之散，故敌分兵以备我。"

④ 吾之所与战者约矣：约，少，寡。张预注："夫势聚则强，兵散则弱。以众强之势，击寡弱之兵，则用力少而成功多矣。"

⑤ 吾所与战之地不可知：指行动秘密，我军计划与敌人交战之地使敌人无法预知。

⑥ 不可知，则敌所备者多：敌人既然无法了解战况，只好处处防备。

⑦ 敌所备者多，则吾所与战者寡矣：曹操注："形藏敌疑，则分离其众备我也。言少而易击也。"敌人兵力分散，则便于我军集中兵力各个击破。

⑧ 无所不备，则无所不寡：汉简本及《太平御览》作"无不备者，无不寡"。杜佑注："言敌之所备者多，则士卒无不分散而少。"

⑨ 寡者，备人者也：兵力薄弱，是由于分散力量多处设防。梅尧臣注："使敌愈备则愈寡也。"

⑩ 众者，使人备己者也：兵力强大，是由于敌人处处设防备，而我军兵力集中。张预注："所以众者，为专而使人备己也。"

孙子兵法

【译文】

我们要察明敌人的情况而自身不显露形迹，这样我们就可以集中兵力而敌人却不得不分散兵力。我军的兵力集中在一处，而敌人的兵力分散在十处，那么我军就能以十倍的兵力去进攻敌人，以造成我众而敌寡的优势。能够集中优势兵力进攻少数敌人，这样与我们作战的敌人力量就相对小了。我军所要进攻的地方敌人无从知道，既然无从知道，那么敌人所要防备的地方就很多，敌人防备的地方多，与我们交战的敌人就必然会少。所以防备了前面，后面的兵力就会薄弱；防备了后面，前面的兵力就会薄弱；防备了左面，右面的兵力就会薄弱；防备了右面，左面的兵力就会薄弱。到处防备就会到处兵力薄弱。之所以兵力薄弱，是由于到处分兵设防；之所以兵力集中，是由于迫使敌人处处设防。

【原文】

故知战之地，知战之日，则可千里而会战①；不知战地，不知战日，则左不能救右，右不能救左，前不能救后，后不能救前，而况远者数十里，近者数里乎？以吾度之②，越人之兵虽多③，亦奚益于胜败哉④？故曰：胜可为也⑤。敌虽众，可使无斗⑥。

【注释】

① 知战之地，知战之日，则可千里而会战：张预注："凡举兵伐敌，所战之地，必先知之。师至之日，能使人如期而来，以与我战。"竹简本无"会"字。

② 以吾度之：度，推测、判断。

③ 越人之兵虽多：春秋时代，吴国与越国之间互为敌国，长年攻战。孙武为吴王阖闾论兵法，所以这里以越国军队作为敌方举例。

④ 奚益于胜败哉：奚，何。益，帮助、助益。汉简本无"败"字。

⑤ 胜可为也：《太平御览》作"胜可知而不可为也"。杜牧注："为胜在我，故言可为之。"此言胜利是可以争取的。

⑥ 敌虽众，可使无斗：贾林注："敌虽众多，不知己之兵情，常使急自备，不暇谋斗。"汉简本作"敌唯众，

孙子兵法

【译文】

因此，如果了解作战地点的地形，知道作战的时间，那么就是远出千里也可以去与敌人交战。不了解作战地点的地形，不知道作战的时间，就将使左翼无法救援右翼，右翼无法救援左翼，前军无法救援后军，后军无法救援前军，更何况要在远至数十里近至数里的距离内互相救援呢？根据我的分析，越国的军队虽然多，但对战争的胜败又有什么帮助呢？所以说，胜利是可以经过努力来争取的。敌人虽多，却能使它无法与我军较量。

可毋斗也"。

【原文】

故策之而知得失之计①，作之而知动静之理②，形之而知死生之地③，角之而知有余不足之处④。故形兵之极⑤，至于无形；无形，则深间不能窥，智者不能谋⑥。因形而错胜于众⑦，众不能知；人皆知我所以胜之形⑧，而莫知吾所以制胜之形⑨。故其战胜不复⑩，而应形于无穷⑪。

【注释】

① 策之而知得失之计：策，筹算。得失之计，作战计划的得失利害。杜佑注："策度敌情，观其所施，计数可知。"梅尧臣注："彼得失之计，我以算策而知。"

② 作之而知动静之理：作，此处指诱使，挑动。动静之理，行动的规律。有意挑动敌人，以了解敌人的行动规律。

③ 形之而知死生之地：形，此处指以假象示敌。张预注："形之以弱，则彼必进。形之以强，则彼必退。因其进退之际，则知彼据之地死与生也。"死生之地，指敌人所处地形的优势和短处。

④ 角之而知有余不足之处：角，较量，此处指试探性的进攻。张预注："有余强也，不足弱也。角量敌形，知彼强弱之所。"以试探性的进攻来察明敌人的虚实强弱。

⑤ 故形兵之极，至于无形：形兵，军队部署时有意表现的假象。无形，略无形迹。杜牧注："此言用兵之道，

五八

上篇·原典释译

孙子兵法

【原文】

夫兵形象水①，水之形，避高而趋下；兵之形，避实而击虚②。水因地而制流，兵因敌而制胜③。故兵无常势，水无常形④，能因敌变化而取胜者，谓之神⑤。故五行无常胜⑥，四时无常位⑦，日有短长，月有死生⑧。

【注释】

① 兵形象水：兵形，用兵作战的规律。孟氏注："兵之形势如水流，迟速之势无常也。"
② 兵之形，避实而击虚：用兵的规律是避开敌人坚实的地方，而攻击敌人虚弱的地方。张预注："水趋下则顺，

【译文】

所以要认真分析判断，来了解敌人作战计划的优劣得失，挑动敌人来了解敌人的活动规律。通过佯动示形，以掌握敌人地形的有利及不利。通过试探性的进攻，以探明敌人兵力的虚实强弱。因此，示形以诱敌的方法如运用到最高境界，就会让人看不出一点形迹。既然看不出形迹，就是有深藏的敌人的间谍也窥探不出虚实，深于谋略的敌人也无计可施。将根据敌情变化而灵活运用战法取得的胜利摆在人们面前，人们也无法领略其中的奥妙。人们都知道我取胜的一般办法，但是不知道我是怎样根据敌情变化灵活运用这些办法以取胜的。所以，每次战胜，都不是重复老一套，而是根据敌情的发展，而变化无穷。

⑥ 深间不能窥，智者不能谋：深间，隐藏很深的间谍。窥，窥测，刺探。智者，此处指有计谋的敌人。谋，谋划。
汉简本作"知者弗能谋也"。
⑦ 因形而错胜于众：因形，凭借敌情变化而应变。错，通"措"，放置。错胜于众，胜利摆在人们面前。
⑧ 人皆知我所以胜之形：形，形态。此处指作战的方式方法。
⑨ 而莫知吾所以制胜之形：制胜之形，取得胜利的原因。人们并不知道我军之所以获胜的原因。
⑩ 战胜不复：取胜的方法每次都不重复。李筌注："不复前谋以取胜，随宜制变也。"
⑪ 应形于无穷：应形，适应敌情，根据敌情。张预注："但随敌之形而应之，出奇无穷也。"

至于臻极，不过于无形。"

孙子兵法

兵击虚则利。」

③水因地而制流，兵因敌而制胜：水因受地形高下的制约而决定流向，用兵则根据敌情的不同来决定取胜的方法。

④兵无常势，水无常形：用兵没有固定不变的程式，就像水流没有固定不变的形态一样。汉简本作『兵无成埶（势），无恒形（形）』。

⑤能因敌变化而取胜者，谓之神：能根据敌情变化运用谋略而取得胜利者，可称作用兵如神。神，神妙，智谋高超。曹操注：『势盛必衰，形露必败，故能因敌变化，取胜若神。』

⑥五行无常胜：五行，指金、木、水、火、土，古代认为它们是构成万物的基本要素。五行之间有相生与相克两种关系。所谓相生，顺序为：『木生火，火生土，土生金，金生水，水生木。』相克亦称相胜，顺序为：『水胜火，火胜金，金胜木，木胜土，土胜水。』无常胜，就是说五行中没有一种是固定独胜的。

⑦四时无常位：四时，春、夏、秋、冬四季。无常位，四时依次更替，循环往复永无止息，都没有固定不变的位置。

⑧日有短长，月有死生：白昼的时间随季节变化而有短有长，月亮随循环往复而有盈有亏。杜佑注：『兵无常势，盈缩随敌。日月盛衰，犹兵之形势，或弱或强也。』

【译文】

用兵的规律好像流水，水流动的规律是避开高处而流向低处，而用兵的规律是避开敌人坚实的地方而攻击其虚弱之处。水因地形的高低而制约其流向，用兵则根据敌情而制定不同的取胜方针。所以，用兵作战没有固定不变的方式，就像水的流动没有固定的形态一样。能够依据敌情变化而克敌制胜的，就称作用兵如神。所以用兵也像自然规律一样，五行相生相克没有固定的常胜，四季依次交替没有不变的位置，白天有长有短，月亮有圆有缺。

【品读】

《虚实》是一篇妙语连珠的佳作，主要论述作战指挥中争取主动权的原则和方法。所谓原则，即指避实击虚、攻其必救；所谓方法，即指利用『示形』，荫蔽兵力集中和主要进攻（防御）方向孙武提出『善战者，致人而不致于人』，这句话是本篇的脊梁。这一名言历来受到兵学家的重视。《李卫公问对》说，古代兵法千章万句，最重要的无过于『致人而不致于人』。两千多年前的孙武，能看到主动权在战争中的重要性，并提出若干宝贵的争取和造成主动、避免和摆脱被动的原则和方法，无疑是十分可贵的。

主动地位的取得不能靠空想，而要通过主观能动性的发挥去努力争取。孙武首先指出，在未战之前，要『先处战地而待敌』，先敌完成作战部署，『以逸待劳』。他所谓的『逸』，就是先敌准备、先敌休整、先敌部署，这样便能居于有利地位，从容作战。

然而，这种『先处战地』与『后处战地』是一种近乎阵地争夺战性质的作战形式，按现代的概念它属于战术性质的范围。而且这一类型的主动权的争取，在当时的战争条件下并无普遍意义，所以，孙武并不以此为论证的重点。

他不过是以此作为最能说明问题的论据，借以提出在战争中争取主动权的重要性问题。

我们知道，《孙子兵法》虽论述了战略防御，但全书的主旨还是贯穿着对别的诸侯国进行战略进攻的目的。我们在《形篇浅说》中说过，孙武及古代的许多兵学家都认为防御是优于进攻的作战形式。他们把进攻者称为『客』，实际上也认为是被动的、不利的一方；把防御者称为『主人』，实际上也认为是主动的、有利的一方。于是，他们提出了一个方法，叫做『反客为主』之术。孙武在本篇中所论述的主动权，正是在实行进攻战略的前提下如何『反客为主』，如何争取战场主动权的问题。

『主人』一方，亦即防御一方为什么就居于主动态势呢？孙武看到，防御者有预设阵地（所谓高垒深沟）可以依托，因而养精蓄锐，既『逸』且『安』；后勤供应方便，给养充分。这些有利条件，进攻者（『客』方）当然是不具备的。

那么，如何才能转变这种主客地位呢？

孙武认为，对于防御之敌可以使它由安逸变疲劳，由饱食变饥饿，由安处变奔命。打法就是，『出其所不趋』，趋其所不意』——进攻方向指向敌人无法往救之处。

本篇中『出其所不趋』『攻其所不守』『冲其虚』『攻其所必救』『避实而击虚』等语，都是攻虚击弱的意思。这一条进攻作战的指导原则是我国古代军事学上的一颗明珠。《管子》对此有精彩的说明：『攻坚则瑕者益坚，乘

孙子兵法

瑕则坚实者益瑕。"就是说，如果把攻击目标选在敌人的坚实之处，去啃硬骨头，那么不仅坚实之敌打不掉，反而使敌薄弱之处也变得坚实有力了。反之，则不然。《吴子》也主张"用兵必须审敌虚实而趋其危"，并且具体列举了十三条"可击"，即十三种攻虚击瑕的战机。《孙膑兵法》更把"必攻不守"——进攻敌人既是要害而又防御薄弱的地方——看作是作战指导上的第一要着。总之，古往今来的兵学家无不推崇这一原则。

孙武这一作战原则，不是凭空提出的，它也有着明显的历史继承性。例如：繻葛之战中，周桓王所率左中右三军按传统阵法，以中军为主力，左右两军担任助攻，排列成"人"字形的雁行阵。郑国的子元向郑庄公提出了著名的新阵法——鱼丽阵，即把主力配置在两翼——左拒和右拒，而让中军靠后，形成一种倒品字形的阵式。这样，当左拒、右拒打败周王薄弱的右军、左军之后，中军就乘势发起进攻，形成对周王主力三面包围的有利态势。三十七年之后（即公元前575年）的晋楚鄢陵（今河南鄢陵）之战，苗贲皇向晋厉公提出的建议，也是郑庄公繻葛之战中的打法。因为当时楚军的精锐（所谓王卒）在中军，晋军先打楚军两翼的弱敌，再乘胜集中兵力攻击王卒，因而取胜。

这些战争实践，是避实击虚的作战思想产生的源泉和依据。

集中兵力，避实击虚，没有巧妙的伪装和欺骗是不可能实现的。为了隐蔽自己兵力的集中和主要进攻方向，孙武把伪装与欺骗看成是争取作战主动权不可分割的一部分。

伪装和欺骗，孙武称之为"示形"。当时的"示形"主要是利用天然遮障，设置假目标和实施佯动或牵制性的进攻之类来迷惑敌人，荫蔽自己的战斗配置、兵力数量和作战行动。前632年晋楚城濮之战，是成功地运用"示形"取胜的战例。晋军的下军副将胥臣把驾车的马蒙上虎皮，出敌意外，打败了楚右军陈、蔡弱军；晋上军主将狐毛竖起大旗冒充中军主力，荫蔽了中军；下军主将栾枝把大量树枝拖在战车后面，扬起满天尘土，伪装溃败。这一系列"示形"，终于使楚军中军主将子玉、左军主将子西作出了错误的判断，贸然进攻。左军遭到晋军夹击，大部被歼。又如，前555年的齐晋平阴（今山东平阴东北）之战，晋军采取在山上遍插旌旗，在车后用树枝扬起尘土等办法显示兵力众多，威慑齐灵公。结果，齐灵公果然误认晋、鲁联军兵力强大，不敢迎战，连夜逃走（《左传·襄公十八年》）。

春秋中后期，随着战争的发展，"示形"之法也随之变化，这就要求将帅要善于根据不同的情况创造性地组织实施伪装和欺骗。

孙武在吸取前人经验的基础上提出了『形人而我无形，则我专而敌分』的原则。只要能成功地运用这一原则，那么无论是进攻或防御，敌人对我的情况漆黑一团，如盲如瞽，我对敌人的情况洞若观火，了如指掌。那么在战斗中，我众敌寡，我实敌虚，于是在进攻作战时，就可迫使敌人变主为客，变被动为主动，我则反客为主，变被动为主动。所以孙武说：『吾所与战之地不可知，不可知，则敌所备者多。』尽管敌人居于防御的『主人』地位，但由于不知我主攻方向，不知我进攻目标（『与战之地』），因而分兵把口，处处设防，『无所不备，则无所不寡』，于是主客易位，丧失主动权，以致最后失败。

利用『示形』不让防守之敌察明我方的主攻方向、攻击目标、兵力多寡，等等。只要严守秘密，善于荫蔽是不难实现的。那么，实行进攻作战的我方，又如何察明敌人的防御计划、防御部署、地形条件呢？这是一个问题的两个方面。孙武不仅全面地考虑到了，而且提出了高明的侦察方法。他说：『故策之而知得失之计，作之而知动静之理，形之而知死生之地，角之而知有余不足之处。』即通过战术计算以了解敌人作战计划的优劣，通过示形佯动以掌握敌人地形道路的情况，通过战斗侦察以察明敌人兵力部署的强弱，通过挑动敌人以分析敌人的活动规律，角之而知有余不足之处。当敌我情况都掌握以后，就为定下作战决心提供了客观根据，从而保障在战斗中牢牢地掌握主动权，最后赢得胜利。

第七章 军争篇

【原文】

孙子曰：凡用兵之法，将受命于君①，合军聚众②，交和而舍③，莫难于军争④。军争之难者，以迂为直，以患为利⑤。故迂其途而诱之以利⑥，后人发，先人至⑦，此知迂直之计者也⑧。

【注释】

① 将受命于君：主将接受国君的命令。

② 合军聚众：召集民众，组织军队。

③ 交和而舍：两军营垒对峙。交，两军相对。和，古时军门称"和门"。舍，舍营，驻扎。张预注：'军门为和门。言与敌对垒而舍，其门相交对也。'

④ 莫难于军争：最难的是两军争夺制胜的条件。张预注：'与人相对而争利，天下之至难也。'

⑤ 军争之难者，以迂为直，以患为利：争夺制胜条件的难点，在于通过看似迂远曲折的途径以达到近便直接的目的，把不利变为有利。

⑥ 故迂其途，而诱之以利：故意绕道迂回，并以小利引诱敌人。杜佑注：'已外张形势，回从远道，敌至于应争从其近，皆得敌情，诳之以利。'

⑦ 后人发，先人至：后、先，均用作动词。虽比敌人后出动，却能先到达战略要地。

⑧ 此知迂直之计者也：这是掌握以迂为直之计谋的人。

【译文】

孙武说：凡是用兵的法则，将帅接受国君之命，从组织民众编制军队到开赴前线与敌军对阵，最难的莫过于与敌人争夺制胜条件。争夺制胜条件中的难点，又在于通过迂远曲折的途径达到近直的目的，把困难转化为有利。所以要有意绕道迂回，并以小利引诱敌人，这样就能做到比敌人后出动而先到达所要争夺的要地。这就是懂得了以迂

【原文】

故军争为利,军争为危①。举军而争利则不及②,委军而争利则辎重捐③。是故卷甲而趋④,日夜不处,倍道兼行⑤,百里而争利,则擒三将军⑥,劲者先,疲者后,其法十一而至⑦;五十里而争利,则蹶上将军,其法半至⑧;三十里而争利,则三分之二至⑨。是故军无辎重则亡,无粮食则亡,无委积则亡⑩。

【注释】

① 军争为利,军争为危:军争既有其有利的一面,也有其危险的一面。曹操注:"善者则以利,不善者则以危。"

② 举军而争利则不及:全军带着装备辎重去争利,就会无法及时赶到预定地点。举军,全军连同装备辎重。张预注:"竭军而前,则行缓而不能及利。"

③ 委军而争利则辎重捐:如丢弃笨重的装备器械轻装前进,辎重物资就将遭到损失。委,丢弃。辎重,随军运载的军用器械、粮秣、服装等。捐,损失。杜佑注:"举一军之物行,则重滞迟缓,不及于利。委,委弃辎重,轻兵前追,则恐辎重因此而捐也。"

④ 是故卷甲而趋:因此收起铠甲轻装行进。

⑤ 日夜不处,倍道兼行:昼夜兼程,不停顿地以加倍的速度连续行军。处,停止,休息。倍道,加倍的速度。兼行,昼夜兼程。

⑥ 则擒三将军:那么三军的主将可能被俘,意即全军覆没。三将军,三军将帅。春秋时大国一般有三军。晋设中军、上军、下军。楚设中军、左军、右军。

⑦ 劲者先,疲者后,其法十一而至:人马强壮的先到,疲弱的落后掉队,这样做只有十分之一的兵力能够赶到。

⑧ 五十里而争利,则蹶上将军,其法半至:如奔趋五十里去争利,则先头部队的将领会受挫败,这样做只有半数兵力可以到达。蹶,挫败,损折。上将军,前军将领。

孙子兵法

⑨三十里而争利，则三分之二至：如奔趋三十里去争利，则能有三分之二的兵力能够到达。杜佑注：『道近则至者多，故不言死败，胜负未可知也。』

⑩是故军无辎重则亡，无粮食则亡，无委积则亡：因此，军队如果没有辎重装备，没有粮草，没有物资储备，就无法生存。梅尧臣注：『三者不可无，是不可委军而争利也。』

【译文】

军争有有利的方面，但也有危险的方面。如果全军带着所有辎重去争利，就不能按时到达预定的地域；如果丢下辎重去争利，辎重就会损失。因此卷甲急进，昼夜兼程，走百里之遥去争利，三军的将领就可能要被俘获，身强体壮的士卒先赶到，疲弱的落后掉队，结果可能只有十分之一的人马到达。从五十里远的地方赶去争利，前军的将领就会损折，结果只有半数兵力到达。从三十里远的地方赶去争利，可能有三分之二的人马到达。所以，军队没有辎重就无法生存，没有粮饷就无法生存，没有物资储备就无法生存。

【原文】

故不知诸侯之谋者，不能豫交①；不知山林、险阻、沮泽之形者，不能行军②；不用乡导③者，不能得地利。故兵以诈立④，以利动⑤，以分合为变⑥者也。故其疾如风⑦，其徐如林⑧，侵掠如火⑨，不动如山⑩，难知如阴⑪，动如雷震⑫。掠乡分众⑬，廓地分利⑭，悬权而动⑮。先知迂直之计者胜⑯，此军争之法⑰也。

【注释】

①不知诸侯之谋者，不能豫交：不了解诸侯列国的战略谋划的，就不能与之结交。豫交，与诸侯结交。张预注：『先知诸侯之实情，然后可以结交。不知其谋，则恐翻覆为患。』

②不知山林、险阻、沮泽之形者，不能行军：不了解山林等地形情况，就无法行军。沮泽，水草丛生的沼泽地带。曹操注：『高而崇者为山，众树所聚者为林，坑堑者为险，一高一下者为阻，水草渐洳者为沮，众水所归而不流者为泽。』

③乡导：即向导，熟悉地形为军队带路的人。

④兵以诈立：用兵作战以多变、诡诈而用奇的办法取胜。张预注：『以变诈为本，使敌不知吾奇正所在，则我

六六

⑤以利动：立，此处指成功、取胜。
⑤以利动：用兵以是否有利来采取适当行动。
⑥以分合为变：作战时应根据情况变化，以兵力的分散或集中来变换战术。分，分散兵力。合，集中兵力。杜牧注："分合者，或分或合，以惑敌人，现其应我之形，然后能变化以取胜也。"
⑦其疾如风：军队行动迅速时，如疾风一般。疾，快速。
⑧其徐如林：军队行动舒缓时，如森然不乱之林木。徐，舒缓。杜牧注："言缓行之时，须有行列如林木也，恐为敌人之掩袭也。"
⑨侵掠如火：向敌军发起攻击时如同燎原烈火，猛不可当。侵掠，此处指进攻、袭击
⑩不动如山：部队驻军防守时像山岳一样不可动摇。张预注："若山石之不可移，犯之者其角立毁。"
⑪难知如阴：我军的作战意图等使敌人莫测高深，就像阴云蔽天难辨日月星辰。李筌注："其势不测，如阴不能睹万象。"
⑫动如雷震：军队行动时如迅雷闪电，使敌人不知所避。《太平御览》《通典》皆作"动如雷霆"。
⑬掠乡分众：分兵多路以掠取敌国乡邑的粮秣、资财。《太平御览》作"指乡分众"。杜佑注："因敌而制胜也，旌旗之所指向，则分离其众。"
⑭廓地分利：开拓疆土，分别利害轻重而据守。廓，原为扩。因南宋避宁宗赵扩讳，改为廓。李筌注："得敌地，必分守利害。"
⑮悬权而动：权衡敌我形势之利弊得失来决定如何采取行动。权，秤锤。悬权，把秤锤挂在秤杆上，比喻衡量利害关系。张预注："如悬权于衡，量知轻重，然后动也。"
⑯先知迂直之计者胜：懂得以迂为直之计谋的将领可以取胜。杜牧注："言军争者，先须计远近迂直，然后可以为胜。"
⑰军争之法：军争中争胜的法则。

孙子兵法

上篇·原典释译

因此，不了解各诸侯国的战略意图，就不能与其结交；不熟悉山林、险阻、沼泽等地形，就不能行军；不使用向导，就不能得地利。所以说用兵作战要靠奇诡多变来争取胜利，根据是否有利来决定行动，随情况的变化而分散或集中使用兵力。这样，军队行动迅速时如疾风忽至，行动舒缓时如森林一样严整，攻击敌人时如燎原之烈火，驻守防御时如巍然之山岳。隐蔽时如阴云密布不辨星辰日月，冲锋陷阵时如雷霆万钧。掠取敌国的乡邑要分兵数路，拓展疆土要分兵据守，要慎重权衡得失利弊，然后相机而动。谁先懂得以迂为直之计谋的就可以取胜，这就是军争的法则。

【原文】

《军政》①曰：『言不相闻，故为金鼓②；视不相见，故为旌旗③。』夫金鼓、旌旗者，所以一人之耳目④也。人既专一，则勇者不得独进，怯者不得独退，此用众之法⑤也。故夜战多火鼓，昼战多旌旗⑥，所以变人耳目⑦也。

【注释】

①《军政》：上古兵书，已佚。梅尧臣注：『军之旧典。』

②言不相闻，故为金鼓：战场上难以听清语言命令，所以设置锣鼓作为指挥的号令设施。金鼓，锣鼓。擂鼓进军，鸣金收兵。金鼓，汉简本作『鼓金』，《通典》作『鼓铎』。

③视不相见，故为旌旗：作战时难以看见相互间的行动，所以设置旌旗作为联络指挥的信号。杜佑注：『瞻见指麾，以为目候。』

④所以一人之耳目：金鼓、旌旗是用来统一军队行动的。张预注：『夫用兵既众，占地必广，首尾相辽，耳目不接，故设金鼓之声，使之相闻；立旌旗之形，使之相见。视听均齐，则虽百万之众，进退如一矣。』

⑤用众之法：指挥人数众多的军队的办法。

⑥夜战多火鼓，昼战多旌旗：夜间作战主要用火光及鼓声。白天作战主要用旗帜来作为指挥和联络的信号。

⑦变人耳目：适应士兵在夜间或白天视听感觉的不同特点。变，此处意为适应。杜牧注：『令军士耳目皆随旌旗火鼓而变也。』

【译文】

《军政》中说:"因为语言指挥听不清,所以使用金鼓;动作指挥看不清,所以使用旌旗。"金鼓、旌旗都是用来统一军队行动的。军队上下行动既然一致,那么勇敢的将士就不能单独前进,怯懦的将士也不能单独后退。这就是指挥人数众多的军队作战的办法。因此夜间作战主要使用火光和锣鼓,白天作战主要使用旗帜,都是为了适应士卒视听特点的需要。

【原文】

故三军可夺气①,将军可夺心②。是故朝气锐,昼气惰,暮气归③。故善用兵者,避其锐气,击其惰归④,此治气者也⑤。以治待乱⑥,以静待哗⑦,此治心者也⑧。以近待远,以佚待劳,以饱待饥,此治力者也⑨。无邀正正之旗⑩,勿击堂堂之陈⑪,此治变者也⑫。

【注释】

①三军可夺气:军队的勇锐士气可以打击和挫伤。
②将军可夺心:可以设法扰乱动摇敌将的意志和决心。夺,此处指打击、挫伤。李筌注:"夺气,夺其锐勇。"张预注:"心者,将之所主也。夫治乱勇怯,皆主于心。故善制敌者,挠之使之乱,激之而使惧,迫之而使惧,故彼之心谋可以夺也。"
③朝气锐,昼气惰,暮气归:军队初战时士气旺盛,既久则趋懈怠,最后完全低落。这里用早上的朝气、中午的昼气、傍晚的暮气来分别形容军队初、中、后期的士气。
④避其锐气,击其惰归:避开敌人的锐气,等他懈怠、低落再去攻击。梅尧臣注:"谓兵始而锐,久则惰而思归,故可击。"
⑤此治气者也:这是掌握士气规律的方法。
⑥以治待乱:以我军之井然有序来对付敌人的混乱。贾林注:"以我之整治,待敌之挠乱。"
⑦以静待哗:以我军之镇沉着来对付喧嘈杂。贾林注:"以我之清静,待敌之喧哗。"
⑧此治心者也:这是掌握将帅心理的法则。

孙子兵法

【原文】

故用兵之法：高陵勿向①，背丘勿逆②，佯北勿从③，锐卒勿攻④，饵兵勿食⑤，归师勿遏⑥，围师必阙⑦，穷寇勿迫⑧，此用兵之法也。

【注释】

①高陵勿向：不要进攻已经占据高地的敌军。陵，山地。向，此处指仰攻。张预注："敌处高为阵，不可仰攻，人马之驰逐，弧矢之施发，皆不便也。"

②背丘勿逆：不要正面进攻背靠丘陵险阻地势的敌军。背，倚靠、倚托。逆，迎击。汉简本作"倍丘勿迎"。梅尧臣注："背丘勿逆者，敌自高而来，不可逆战，势不便也。"

③佯北勿从：不要跟踪追击假装战败而走的敌军。佯，假装。北，败逃。贾林注："敌未衰，忽然奔北，必有奇伏要击我兵，谨勒将士，勿命逐追。"

【译文】

可以挫伤打击三军的士气，可以动摇扰乱敌军将帅的意志和决心。军队初战时士气旺盛，继而渐趋懈怠，最后疲乏衰竭。所以善于用兵的人，要避开敌人的锐气，等敌人士气松懈疲惫后再去攻击，以自己的严整对付敌人的混乱，以自己的镇静对付敌人的浮躁，这是掌握战将心理的办法。以自己的靠近战场来对付敌人的长途跋涉，以自己的安逸休整来对付敌人的奔走疲劳，以自己的粮饷足备来对付敌人的粮缺人饥，这是掌握军队战斗力的办法。不要迎击部署周密旗帜严整的敌人，不要攻击阵容整肃实力雄厚的敌人，这是掌握机动应变的原则。

⑨此治力者也：这是掌握运用军队战斗力的法则。

⑩无邀正正之旗：不要迎击部署严整、旗帜整齐的敌军。无，即勿。邀，拦击，截击。

⑪勿击堂堂之陈：不要攻击阵容壮大、实力雄厚的敌人。陈，同"阵"。

⑫此治变者也：这是掌握临机应变、因敌制胜的办法。

④锐卒勿攻：不要进攻锐气正盛的敌军。

⑤饵兵勿食：不要贪图敌人故意引诱的小利。饵兵，即诱人就范的小股部队。杜牧所注：'敌忽弃饮食而去，先须尝试，不可便食，虑毒也。'非孙子本意。张预注：'夫饵兵非止谓置毒于饮食，皆为饵也。'

⑥归师勿遏：不要拦截正向其本国撤退的敌军。杜佑注：'若穷寇退还，依险而行，人人怀归，故能死战，徐观其变，有缺口，对陷入绝境的敌军不要过分逼迫。

⑦围师必阙：包围敌军作战时要留有缺口。阙，通'缺'，缺口。汉简本作'围师遗阙'。李筌注：'夫围敌必空其一面，示不固也。若四面围之，敌必入守不拔也。'

⑧穷寇勿迫：不要过分地逼迫已陷入绝境的敌人。梅尧臣注：'困兽犹斗，物理然也。'

【译文】

所以，用兵的法则是：敌军如占领山地就不要仰攻，敌军如背靠高地就不可从正面攻击，敌人假装败逃不要去跟踪追击，敌军锐气正盛时不要去攻击，对敌人的饵兵不要去理睬，对撤退回国的敌军不要去截击，包围敌人要留有缺口，对陷入绝境的敌军不要过分逼迫。这都是用兵应掌握的法则。

【品读】

《军争》主要论述争取先机之利及特殊情况下的作战原则。通篇以'兵以诈立，以利动，以分合为变'为指导，论述军队在开进和接敌运动中抓住战机的问题。

战场是人们高度发挥能动性的场所，情况千变万化，战机稍纵即逝，临敌应变全靠指挥员审时度势，因势利导。所谓战机，孙武在本篇谈到了两方面的内容：

第一，军队开进时，如能变迂回远路为直达，变患害为有利，就可以先敌占领有利地形。

对当时军队强行军的特点，孙武作了具体的描述：如果全军携带全部军需物资去同敌人争夺先机之利，那么后果就更坏。根据孙武的估算，如果强行军一百里，不仅三军将领会被俘，而且部队因疲乏劳顿，行列杂乱，不成阵形，只有十分之一的部队能按时到达指定位置。如果强行军五十里去同敌人争利，前军就会受挫，只有一半的部队能到达。如果强行军三十里去争利，只有三分之二的部队能到达。不仅如此，由于全部军需物资的损失，势必造成部队不能坚持作战，甚至不能生存。张预注说：「无辎重则军用不供，无粮食则军饷不足，无委积则财货不充，皆覆亡之道。」

「举军争利」与「委军争利」都是危道，「百里争利」「五十里争利」「三十里争利」都非善策，那么，是不是不要去同敌人争先机之利呢？孙武显然不是这样的用意。他认为：「军争为利，军争为危。」既有有利的一面，也有不利的一面，关键是要善于变害为利。对于变害为利之法，他认为可以采取用迂回远路示形于敌，用区区小利引诱滞敌，这样就可以从容开进，达到「后人发、先人至」的目的。对于诸如此类的战法加以概括提炼，他于是提出了「兵以诈立，以利动，以分合为变」的争夺战机的指导原则。有利可夺时，行军速度「其疾如风」；荫蔽时如阴云蔽日，冲无利可夺时，行军速度「其徐如林」。进攻时，「侵掠如火」；防御时，「不动如山」。锋时如雷动风举。

第二，军队接敌运动时要密切协同，利用「四治战法」抓住战机，夺取胜利。

军队在接敌过程中，重要的是方阵队形变换的指挥问题。兵力的集中与分散，所谓「以分合为变」，其指挥信号就是视觉器材的旌旗与音响器材的金鼓。孙武在这里提到了夜战，夜战正是春秋末年出现的作战样式。例如前525年的吴楚长岸（今安徽当涂博望山）之战，吴军夜袭楚军获胜（《左传·昭公十七年》）。又如前478年的吴越笠泽（今江苏吴江县北）之战，越军乘夜重创吴军。当时夜战的指挥方式已不可详考，但竹书《孙子兵法》作「夜战多鼓金」应较传世本作「夜战多火鼓」合理。因为用火光指挥，暴露目标，达不到利用夜暗荫蔽自己的目的。

孙武还看到精神因素的好坏，体力状况的强弱和作战部署的优劣在战机问题上占着举足轻重的地位。为此，他提出了「四治战法」：治气、治心、治力、治变。「治力」「治变」文义明显，可参看译文，略而不赘。这里仅把「治气」「治心」稍加浅析。

「治气」与「治心」，都是讲的精神因素，但是又有区别。「治气」是指广大士兵而言，「治心」是对将帅的要求。所以他就：「故三军可夺气，将军可夺心。」夺敌人三军之气，方法是，「避其锐气，击其惰归」；夺敌人将军之心，方法是"以治待乱，以静待哗"。

两千多年前的孙武能够把精神因素的"士气"看作是军队战斗力的重要组成部分，是值得高度评价的。在这一点上，孙武同样继承并发展了前人的思想。《左传·宣公十二年》引古代兵书《军志》说："先人有夺人之心。"在战史上，著名的齐鲁长勺之战中，鲁国武士曹刿曾明确提出"一鼓作气，再而衰，三而竭"的作战原则。孙武的贡献就在于他对"士气"作了进一步的具体分析，并提出了掌握和运用士气达到克敌制胜的方法。自然，我们不能不指出，孙武毕竟不可能揭示军队士气的本质，看不到军队士气与战争的政治目的、社会经济政治制度以及诸侯国战前政策的联系，这是他所处的时代和阶级地位的局限所决定的。

在战机问题上，孙武提出了"用兵八戒"，即"高陵勿向，背丘勿逆，佯北勿从，锐卒勿攻，饵兵勿食，归师勿遏，围师必阙，穷寇勿迫"，而且两次提到这是"用兵之法"，不可违背。本来这八条在孙武时代确实是真理，今天我们研究时，就要从历史的角度看待它，切不可用现代的战争条件去衡量它，否则，我们便失去了正确评价的尺度。比如"高陵勿向"，不可仰攻占领高坡阵地之敌；"背丘勿逆"，不可在斜坡上迎击从上俯冲之敌；"归师勿遏"，不可正面阻遏（可以尾追与侧击）未受损失而自动撤归之敌。至于"穷寇勿迫"，孙武更有其特定含义。按他的定义，"围师必阙"，围三阙一，虚留生路。这在当时的技术装备条件下是无可非议的正确原则。"粟马肉食，军无悬瓶，不返其舍者，穷寇也"（《行军》）。即敌军用军粮喂马，甚至杀食牲口，收拾炊具，不准备再回营寨，决心死战的才是穷寇。他亲自参加指挥的吴楚柏举之战，夫概王就针对楚军困兽犹斗的情况说到穷寇勿迫。可见，"穷寇"不是指的夺路狂逃的败军，"勿迫"不是指不要"追击"，而是说不要威迫太甚，才能瓦解敌人作困兽斗的意志，伺机歼灭之。

第八章 九变篇

[原文]

孙子曰：凡用兵之法，将受命于君，合军聚众，圮地无舍①，衢地交合②，绝地无留③，围地则谋④，死地则战⑤，涂有所不由⑥，军有所不击⑦，城有所不攻⑧，地有所不争⑨，君命有所不受⑩。故将通于九变之利者，知用兵矣⑪；将不通于九变之利者，虽知地形，不能得地之利矣⑫。治兵不知九变之术，虽知五利，不能得人之用矣⑬。

[注释]

① 圮地无舍：在难以通行的地方不可宿营。圮，毁坏，倒塌。曹操注："水毁曰圮。"圮地，通行困难之地。《九地篇》有："山林、险阻、沮泽，凡难行之道者，为圮地。"舍，舍营，宿营。张预注："凡难行之道为圮地，以其无所依，故不可舍止。"

② 衢地交合：在四通八达的地区要结交诸侯以求援助。衢地，四通八达之地。交合，与诸侯相结交。张预注："四通之地，旁有邻国，先往结之，以为交援。"

③ 绝地无留：在难以生存的地方不宜停留。绝地，没有泉、井，缺乏柴草的地方。《九地篇》："去国越境而师者，绝地也。"

④ 围地则谋：在容易被围困的地区要设计摆脱险境。围地，出入通道狭窄，地形四面险阻之地。谋，谋划奇计。张预注："居前隘后固之地，当发奇谋，若汉高祖为匈奴所围，用陈平奇计得出，兹近之。"

⑤ 死地则战：在没有退还生路的地方就要奋力死战。死地，没有退路，不奋力死战就无法求生的地方。《九地篇》有："疾战则存，不疾战则亡，为死地。"李筌注："'置兵于必死之地，人自为私斗，韩信破赵，此是也。"

⑥ 涂有所不由：有些道路不可通过。贾林注："'途且不利，虽近不从。'"王晳注："'途虽可从，而有所不从，虑奇伏也。'"

⑦ 军有所不击：有的敌军不要攻击。汉简本《四变》有："'军之所不击者，曰：两军交和而舍，计吾力足以破其军，

獲其将。远计之，有奇势……如此者，军虽可击，弗击也。"曹操注："军虽可击，以地险难，久留之，失前利，若得之则利薄，因穷之兵，必死战也。"

⑧城有所不攻：有的城邑不一定要攻占。汉简本《四变》有："城之所不攻者，曰：计吾力足以拔之，拔之而不及利于前，得之而后弗能守，若力守之，城必不取。及于前，利得而城自降，利不得而不为害于后。若此者，城虽可攻，弗攻也。"

⑨地有所不争：有的地方不一定要去争夺。汉简本《四变》有："地之所不争者，曰：山谷水泽无能生者，……如此者，弗争也。"王晳注："谓地虽要害，敌已据之，或得之无所用，若难守者。"

⑩君命有所不受：即便是国君的命令，有的也可以不接受。张预注："苟便于事，不从君命。……但临时制宜，故统之以君命有所不受。"

⑪将通于九变之利者，知用兵矣：将领能通晓各种机变的利弊，就算得上懂得用兵之道了。九变，杜佑注："九事之变，皆临时制宜，不由常道，故言变也。"

⑫不通于九变之利者，虽知地形，不能得地之利矣：将领如不能懂得各种机变的利弊，虽然了解地形，也不能善于利用地形。张预注："凡地有形有变，不能得人之用矣。九变之术，岂能得地之利。"

⑬治兵不知九变之术，虽知五利，不能得人之用矣：九变之术，各种机变的手段。五利，指"涂有所不由，军有所不击，城有所不攻，地有所不争，君命有所不受"。张预注："凡兵有利有变，知利而不识变，岂能得人之用？"

【译文】

孙武说：大凡用兵的法则是，主将受国君的命令，征集兵员组织军队出征时，要结交邻国诸侯，在"绝地"上不可久留，在"围地"中要巧设奇谋，陷入"死地"要奋力死战。有的道路不要通过，有的敌军不要攻击，有的城邑不要攻占，有的地方不要争夺，国君的命令有的可以不接受。将领如能懂得各种机变的利弊，就算是会用兵了。将领如果不懂得各种机变的利弊，虽然了解地形，也不能从地利中得到好处。指挥军队作战而不懂得各种机变的手段，虽然知道"五利"，也不能充分发挥军队的应有作用。

孙子兵法

【原文】

是故智者之虑①，必杂于利害②。杂于利而务可信③也，杂于害而患可解④也。

【注释】

① 智者之虑：聪明的将领的思考。

② 必杂于利害：杂，兼有，兼顾。张预注："智者虑事，虽处利地，必思所以害；虽处害地，必思所以利；此亦通变之谓也。"

③ 杂于利而务可信：在不利的情况下要考虑到有利的一面，事情才能顺利进行。张预注："以所害而参所利，可以伸己之事。"务，此处指军队的作战任务。信，通"伸"，此处指伸展，达到。汉简本作"杂于利故务可信"。

④ 杂于害而患可解：在有利的情况下要考虑到不利的一面，危难才可以消除。张预注："以所利而参所害，可以解己之难。"患，祸害，意外。解，消除。

【译文】

明智的将帅考虑问题，总是兼顾利和害两个方面。在不利的情况下要看到有利的方面，事情才可以顺利进行；在有利的情况下要看到不利的方面，祸患才可以消除。

【原文】

是故屈诸侯者以害①，役诸侯者以业②，趋诸侯者以利③。

【注释】

① 屈诸侯者以害：用诸侯所害怕的事情去伤害它，以使之屈服。杜牧注："言敌人苟有所恶之事，我能乘而害之，不失其机，则能屈敌也。"

② 役诸侯者以业：以消耗国力的事情驱使敌国为之疲于奔命。役，役使，驱使。业，此处指危险的事情。《尔雅》："业业翘翘，危也。"杜牧注："能以事劳役诸侯之人，命不得安佚。"

③ 趋诸侯者以利：以小利引诱迫使诸侯被动奔走。趋，奔走。杜牧注："言以利诱之，使自来至我也，堕我画中。"

【译文】

为使各国诸侯屈服，就要用诸侯最害怕的事情去伤害它；为使各国诸侯被动奔走，就要用小利去引诱它。

【原文】

故用兵之法，无恃其不来，恃吾有以待也①；无恃其不攻，恃吾有所不可攻也②。

【注释】

① 无恃其不来，恃吾有以待也：不要指望敌人不来，而是要依靠我们有充分准备以等待它。恃，依靠，指望。《太平御览》作『恃吾有能以待之也』，意同。

② 无恃其不攻，恃吾有所不可攻也：不要指望敌人不来攻打，而要依靠我们确有实力使敌人攻打不下。《太平御览》作：『无恃其不攻也，恃吾有能以待之也。』意同。杜佑注：『安则思危，存则思亡，常有备。』

【译文】

所以用兵的法则是，不要寄希望于敌人不会来，而是要依靠自己有充分的准备；不要寄希望于敌人不会进攻，而是要依靠自己确有实力使敌人无法攻下。

【原文】

故将有五危①：必死，可杀也②；必生，可虏也③；忿速，可侮也④；廉洁，可辱也⑤；爱民，可烦也⑥。凡此五者，将之过也，用兵之灾⑦也。覆军杀将，必以五危⑧，不可不察也。

【注释】

① 将有五危：作为将帅有五种性格上的弱点。

② 必死，可杀也：张预注：『勇而无谋，必欲死斗，不可与力争，当以奇伏诱致而杀之。』必死，即指勇而无谋，固执死拼。

③ 必生，可虏也：将帅如临阵畏怯，只知贪生，就要被俘获。

④ 忿速，可侮也：将帅如急躁易怒，就可以设计轻侮他。杜牧注："忿者刚怒也，速者偏急也，性不原重也。"

若敌人如此，可以凌侮使之轻进而败之也。"

⑤ 廉洁，可辱也：将帅如过分追求名节，清廉自守，就容易受到污辱。

⑥ 爱民，可烦也：将帅如一味爱惜民众，就容易因之而烦劳。烦，烦劳。杜牧注："言仁人爱民者，唯恐杀伤，不能舍短从长，弃彼取此。不度远近，不量事力，凡为我攻，则必来救。如此，可以烦之，命其劳顿而后取之也。"

⑦ 用兵之灾：用兵的危害。灾，此处指危害。

⑧ 覆军杀将，必以五危：军队被消灭，将帅被杀戮，一定是由于"五危"导致的。五危，指以上所说的"必死"至"爱民"等五种情况。贾林注："此五种之人不可任为大将，用兵必败也。"

【译文】

所以说作为将领有五种危险的弱点：固执死拼，容易被杀；畏怯贪生，容易被俘；急躁易怒，易被轻侮；过分追求清廉名节，容易受到污辱；一味爱民，容易引起烦劳。所有这五条，都是为将的过失，用兵的危害。兵败将死，一定是由这"五危"所致，不能不明察。

【品读】

《九变》指的是九种战场情况（主要是指地形）的机断处置。所谓"变"，张预注认为："不拘常法，临事适变，从宜而行之之谓也。"

"九变"之"九"是实指还是虚指，历来注家有不同意见。张预认为是虚指：自"圮地无舍"至"死地则战"五种地形就是九变的内容。为什么九变只说五变，原因是"举其大略也"。贾林、王皙认为是实指：自"圮地无舍"至"地有所不争"九条就是"九变"的内容。而"君命有所不受"是针对以上九条所作的结语，"虽君命使之舍、留、攻，争，亦不受也"，所以这一条"不在常变"之列中。

用汉墓竹书对照，看来贾林、王皙的看法是对的。竹书佚文说："君令有所不行者，君令有反此四变者，则弗行也。"这里虽然说君令不行是以"反此四变"为前提，也就是以"途有所不由，军有所不击，城有所不攻，地有所不争"为前提，不是说的"反此九变"为前提，但是它却告诉我们，"君命有所不受"不是如同前列九条独立作为"变法"提出的，而是以前列诸条为前提所作的结语。

"君命有所不受"这一重要思想不是凭空提出来的。《左传·闵公二年》有这样的记载：晋侯派太子申生进攻皋落氏时，里克对太子说："夫帅师，专行谋，誓军旅，君与国政之所图也……师在制命而已。禀命则不威，专命则不孝。"意思是说：领兵打仗，对作战方案作出决断，对军队发号施令，是国君与正卿的职责范围。作为将帅，率领军队就在于机断处置，发号施令。而太子率军在外，如果遇事也请示国君就失去了威严，不请示就发号施令就是不孝。因此，里克认为太子率军是不适当的。

里克说这段话是公元前660年，但它曲折地说明，早在春秋初年专职的将帅还没有出现的时候，正卿统兵作战时，也有机断处置的权力，不是一切都要请示的。一百多年后的孙武时代，战争发展了，孙武明确提出"君命有所不受"的主张，是符合当时历史要求的。这是"因为在这样庞大的人数之下，战略家与战术家（战场上的指挥官）不能集于一身，所以在这里就有分工了。"（《马克思恩格斯列宁斯大林军事文选》第24页）将相的分职，将帅机断处置的权利，都是战争发展所造成的必然结果。

由于军队越境千里，在异域（别的诸侯国）作战，地形复杂，情况多变，通信联络不便，因此孙武才提出"九变"，为将争"权"。这一思想与他在《谋攻》中批评国君为患于军的三种情况，精神是一致的，都是为将帅争取社会地位，争取发挥才智而提出的原则。

将帅"君命有所不受"，既可以对以上九条机断处置，主要是"得地之利"——取得地形条件对战争的辅助之功，又可以给将帅提供施展韬略的机会，"得人之用"。"得地之利"与"得人之用"，孙武在这里把人与物、主观与客观的关系辩证地统一了起来战争情况是复杂的，"九变"既是实指，当然又不可能包括作战中所应临机决断的一切变通之法。正是有鉴于此，所以他紧接着对于正确处理战争中的利害得失作了高度的概括，提出了一个带普遍性的指导原则："是故智者之虑，必杂于利害。杂于利而务可信也，杂于害而患可解也。"主张在利思害，在害思利，趋利避害，胜利地指导战争。

孙子兵法

上篇·原典释译

七九

因此，对于敌人，要尽量造成和扩大其困难，使其变利为害，变小害为大害。办法是：『屈诸侯者以害，役诸侯者以业，趋诸侯者以利。』对于自己，则要防患于未然，有备无患，所谓『无恃其不来，恃吾有以待也』；『无恃其不攻，恃吾有所不可攻也』。特别是对于将帅，孙武警告说『将有五危』：必死、必生、忿速、廉洁、爱民。『必死』就是有勇无谋，容易中计；『必生』就是贪生怕死，容易丧失战机；『忿速』就是刚怒偏急，容易一触即跳；『廉洁』就是高傲自恃，容易受辱妄动；『爱民』则是指对于百姓无微不救，无远不援，就可能疲于奔命而烦劳。孙武认为这五条是将帅性格上的缺陷，同时也是不懂得变通，一味固执的表现，因而是造成『覆军杀将』的原因，必须高度警惕，『不可不察也』。

第九章 行军篇

【原文】

孙子曰：凡处军①、相敌②：绝山依谷③，视生处高④，战隆无登⑤，此处山之军也。绝水必远水⑥；客绝水而来⑦，勿迎之于水内，令半济而击之⑧，利；欲战者，无附于水而迎客⑨；视生处高，无迎水流⑩，此处水上之军也。绝斥泽，惟亟去无留⑪；若交军于斥泽之中，必依水草而背众树⑫，此处斥泽之军也。平陆处易⑬而右背高⑭，前死后生⑮，此处平陆之军也。凡此四军之利⑯，黄帝之所以胜四帝也。

【注释】

① 处军：军队行军作战中在不同的地形条件下的处置要领。处，处置，部署。
② 相敌：观察和判断敌情。
③ 绝山依谷：行军通过山地时要靠近有水草的谷地。绝，横渡，穿越，此处指通过。贾林注：'视生谓面阳也，处军当在高阜宜择利而动。绝山，跨山。依谷，傍谷也。跨山无后患，依谷有水草也。'
④ 视生处高：驻扎在向阳的高处，以使视界开阔。视生，此处指向阳。张预注：'视生谓面阳也，处军当在高阜。'
⑤ 战隆无登：如敌军占据高地，不宜正面仰攻。隆，高地。登，登高，此处指仰攻。杜牧注：'言敌人在高，我不可自下往高迎敌人而接战也。'
⑥ 绝水必远水：横渡江河要在离江河较远的地方驻扎，以便有进退回旋的余地。张预注：'凡行军过水欲舍止者，必去水稍远，一则引敌使渡，一则进退无碍。'
⑦ 客绝水而来：敌军如渡水而来。客，此处指敌军。
⑧ 令半济而击之：趁敌军渡水至一半时予以攻击。因为这时敌人首尾不接，队伍混乱，无力反攻。济，渡过江河。张预注：'敌若引兵渡水来战，不可迎之于水边，候其半济，行列未定，首尾不接，击之必胜半济，渡过一半。
⑨ 欲战者，无附于水而迎客：要想与敌军交战，不要靠近江河去迎击它。无，通'勿'。附，靠近。迎，此处指迎击。

张预注：「我欲必战，勿近水迎敌，恐其不得渡，我不欲战，则阻水拒之，使不能济。」

⑩无迎水流：不要驻扎在敌军的下游，以防敌军顺流来攻或决水灌淹。张预注中还提到「兼虑敌人投毒于上流」。

⑪绝斥泽，惟亟去无留：军队通过盐碱沼泽地带时，要尽快离开，不可军停留。斥，盐碱地。贾林注：「碱卤之地，多无水草，不可久留。」

⑫若交军于斥泽之中，必依水草而背众树：如果与敌军在盐碱沼泽地带相遇交战，一定要尽量靠近有水草之处，并且背靠树林。张预注：「不得已而会兵于此地，必依近水草以便樵汲，背倚林木以为险阻。」

⑬平陆处易：在平原开阔的地区驻军，要选择在平坦的地方安营。张预注：「平原广野，车骑之地，必择其坦易无坎陷之处以居军，所以利于驰突也。」

⑭右背高：将军队的主要翼侧部署在背靠高地的地方。右，此处指上，先秦时中原诸侯国以右为上。

⑮前死后生：前低而后高。死、生，此处分别指低、高。《淮南子·地形训》：「高者为生，低者为死。」张预注：「虽是平陆，须有高阜，必右背之，所以恃为形势者也。前低后高，所以便乎奔击也。」

⑯凡此四军之利：以上所述山地、河流、盐碱沼泽、平陆四种地形条件下的治军法则。

【译文】

孙武说：大凡军队行军作战和观察判断敌情，应注意如下原则：通过山地时必须靠近有水草的谷地行进，驻扎时要选择居高向阳之处，如果敌人已占据高地，则不可仰攻。这是在山地部署行军作战的原则。横渡江河时，应该在离江河稍远的地方驻扎；敌军渡水前来，不可在水中迎击，而应趁其渡过一半时发起攻击，这样有利。如果想和敌人交战，不要在江河边布军列阵。在江河地带驻军，也应居高向阳，不要驻扎在敌军的下游。这是在江河地带部署行军作战的原则。在通过盐碱沼泽地带时要尽快离开，不应久留；如若在盐碱沼泽地带与敌人相遇交战，那就必须占领有水草而且背靠树林的地方。这是在盐碱沼泽地带部署行军作战的原则。在平原地带驻军，要选择在平坦开阔的地方安营，将军队的主要翼侧部署在背靠高地的地方，前低而后高。这是在平原地带部署行军作战的原则。以上四种行军作战原则的好处，正是黄帝能够战胜四帝的原因。

【原文】

凡军好高而恶下①，贵阳而贱阴②，养生而处实③，军无百疾，是谓必胜④。丘陵堤防，必处其阳而右背之⑤，此兵之利，地之助⑥也。上雨，水沫至⑦，欲涉者，待其定⑧也。凡地有绝涧⑨、天井⑩、天牢⑪、天罗⑫、天陷⑬、天隙⑭，必亟去之，勿近也。吾远之，敌近之⑮；吾迎之，敌背之⑯。军行有险阻⑰、潢井⑱、葭苇⑲、山林、翳荟⑳者，必谨复索之㉑，此伏奸之所处㉒也。

【注释】

① 好高而恶下：军队驻扎喜欢高处而忌在低处。恶，厌恶，此处有「忌讳」之意。梅尧臣注：「高则爽垲，所以安和，亦以便势；下则卑湿，所以生疾，亦以难战。」

② 贵阳而贱阴：以向阳之地为贵，而回避阴湿地带。王晳注：「久处阴湿之地，则生怫疾，且弊军器也。」

③ 养生而处实：军队驻扎要选在靠近水草并且物资供应便利的地方。养生，指靠近水草，粮秣充足，便于生存。处实，指驻扎在地势高的地方。张预注：「养生谓就善水草放牧也，处实谓倚隆高之地以居也。」

④ 军无百疾，是谓必胜。杜牧注：「言养之于高阳，则无卑湿阴翳，故百疾不生，然后必可胜也。」汉简本无此句。

⑤ 必处其阳而右背之：驻军要占据向阳的地方并使军队的主力背靠丘陵或堤防高地。

⑥ 地之助：地形地势方面的助力。

⑦ 上雨，水沫至：河流上游下雨，就会先有水沫冲来，然后必有河水暴涨。

⑧ 欲涉者，待其定：如军队要过河，要等洪峰过后水势平稳再渡。涉，徒步过河。定，此处指水势平定。杜佑注：「恐半渡水而遂涨，上雨，水当清，而反浊沫至，此敌人权遇水之占也，欲以中绝军。凡地有水欲涨沫先至，皆为绝军，当待其定也。」

⑨ 绝涧：两岸陡峭险峻、水流其间的地形。贾林注：「两岸深阔，断人行，为绝涧。」

⑩ 天井：四周高峻、中间低洼的地形。杜牧注：「地形坳下，大水所及，谓之天井。」

⑪ 天牢：山险环绕、入口狭小的地形。贾林注：「四边涧险，水草相兼，中央倾侧，出入皆难，为天牢。」

⑫天罗：荆棘丛生、草木深密，如同天然设置的罗网一样。张预注："林木纵横、葭苇隐蔽者为天罗。"

⑬天陷：地势低注，道路泥泞易陷的地方。杜牧注："涧水澄阔，不测深浅，道路泥泞，人马不通，谓之天陷。"

⑭天隙：两山之间狭窄险恶的谷地。贾林注："两边险绝，形狭长而数里，中间难通人行，可以绝塞出入，为天隙。"

⑮吾远之：敌近之……以上所述六种不利地形，我军必须远离它。

⑯吾迎之，敌背之：我军要面向这些不利地形，而让敌人背靠它。张预注："六害之地，我既远之向之，敌自近之倚之，我则行止有利，彼则进退多凶也。"

⑰军行有险阻：军行，行军途中。《通典》《太平御览》作"军旁"。险阻，有悬崖绝壁的隘路。

⑱潢井：低洼沼泽地带。潢，积水地。

⑲葭苇：芦苇。此处指芦苇丛生之处。

⑳山林、蘙荟：草木繁茂的山林之地。杜佑注："山林者，众木所居也；蘙荟者，可以屏蔽之处也。"

㉑必谨复索之：必须要反复仔细地加以搜索。

㉒此伏奸之所处：这些地方是敌军侦探或伏兵容易隐藏的地方。杜佑注："蘙荟草木之相蒙蔽，可以藏兵处，必覆索之也。"

【译文】

一般说来，驻军总是喜好干燥的高地，而讨厌潮湿的低洼地；要求向阳而回避阴湿；接近水草地区，物资供应方便，将士们不生疾病，这是军队取胜的重要保证。在丘陵、堤防驻军，一定要面南向阳的一面，并把主力背靠着它。这些用兵的便利之处，得自地形的辅助。江河上游下雨，水沫飘来时，必须等水势平稳以后再渡，以防洪水暴涨。凡是遇到"绝涧""天井""天牢""天罗""天陷""天隙"这些地形，必须尽快离开而不要靠近。我们远离这些地方，让敌军去靠近；我们面向这些地方，让敌军去背靠着它。在山川险阻、湖沼、水网、芦苇丛生处及草木茂盛的地方行军，必须谨慎地反复搜索，这些都是敌人可能设有伏兵或隐伏奸细的地方。

【原文】

敌近而静者，恃其险也①；远而挑战者，欲人之进也②；其所居易者，利也③。众树动者，来也；众草多障者，疑也⑤；鸟起者，伏也⑥；兽骇者，覆也⑦。尘高而锐者，车来也⑧；卑而广者，徒来也⑨；散而条达者，樵采也⑩；少而往来者，营军也⑪。辞卑而益备者，进也⑫；辞强而进驱者，退也⑬；轻车先出居其侧者，陈也⑭；无约而请和者，谋也⑮；奔走而陈兵车者，期也⑯；半进半退者，诱也。杖而立者，饥也⑰；汲而先饮者，渴也⑱；见利而不进者，劳也⑲；鸟集者，虚也⑳；夜呼者，恐也㉑；军扰者，将不重也㉒；旌旗动者，乱也㉓；吏怒者，倦也㉔；粟马肉食，军无悬甀，不返其舍者，穷寇也㉕；谆谆翕翕，徐与人言者，失众也㉖；数赏者，窘也㉗；数罚者，困也㉘；先暴而后畏其众者，不精之至也㉙；来委谢者，欲休息也㉚。兵怒而相迎，久而不合，又不相去㉛，必谨察之。

【注释】

①敌近而静者，恃其险也：敌军近而不动，是有险要的地形为仗恃。王皙注：『恃险故不恐也。』

②远而挑战者，欲人之进也：敌军驻扎很远而派兵前来挑战，目的是引诱我军前进。

③其所居易者，利也：敌人不占据险要而驻扎于平地，一定是对它有利。易，此处指无险要的平易之地。张预注：『敌人舍险而居易者，必有利也。或曰，敌处于平易，以示利而诱我也。』

④众树动者，来也：许多树木摇动，说明有军队前来。张预说：『在杂草丛生的地方布置有许多障碍，是敌人的疑兵之计。

⑤众草多障者，疑也：在杂草丛生的地方布置有许多障碍，是敌人的疑兵之计。张预注：『或敌欲追我，多为障蔽，设留形而遁，以避其追，或欲袭我，丛聚草木，以为人屯，使我备东而击西，皆所以为疑也。』

⑥鸟起者，伏也：林中鸟雀突然惊飞，说明下面设有伏兵。杜佑注：『下有伏兵往藏，触鸟而惊起也。』

⑦兽骇者，覆也：野兽惊骇逃奔，说明有敌军大举来袭。骇，马受惊，此处指野兽受惊而逃奔。覆，覆盖，此处指铺天盖地。张预注：『凡欲掩覆人者，必由险阻草木中来，故惊起伏兽奔骇也。』

孙子兵法

上篇·原典释译

⑧尘高而锐者，车来也：见有飞尘高扬而直升，是战车驰来的表现。杜牧注：『车马行疾，仍须鱼贯，故尘高而尖。』锐，此处意为直。

⑨卑而广者，徒来也：飞尘低而面积广，是步兵行进的表现。卑，位置低。徒，步卒。张预注：『徒步行缓而迹轻，又行列疏速，故尘低而来。』

⑩散而条达者，樵采也：飞尘散乱而细长，并断断续续，是敌人在砍柴。条达，纵横断续的样子。张预注：『分遣厮役，随处樵采，故尘埃散乱。』

⑪少而往来者，营军也：飞尘较少而且时起时落，是敌人在察看地形，准备设营。杜佑注：『欲立营垒，以轻兵往来为斥候，故尘少也。』

⑫辞卑而益备者，进也：敌人的使臣言词谦卑，实际上敌军却加强作战准备，这说明敌人是在准备进攻。益，增加，增强。杜牧注：『敌人使来言辞卑逊，复增垒坚壁，若惧我者，是欲骄我使懈怠，必来攻我也。』

⑬辞强而进驱者，退也：敌人的使臣措辞强硬，并且摆出军队进逼姿态的，其实往往是要撤退。王晳注：『辞强示进形，欲我不虞其去也。』

⑭轻车先出居其侧者，陈也：先派战车在旁边，是为了掩护军队布阵。陈，即『阵』。张预注：『轻车，战车也。出军其旁，陈兵欲战也。按鱼丽之阵，先偏后伍。言以车居前，以伍次之，然则是欲战者，车先出其侧也。』

⑮无约而请和者，谋也：敌人来请议和而又不订立盟约，是另有阴谋。约，历代注家所解不一，此处取『质盟之约』的说法。

⑯奔走而陈兵车者，期也：敌军往来奔走而部署兵车阵势，是期待和我军交战。期，期待，期求。贾林注：『寻常之期，不合奔走，必有远兵相应，有晷刻之期，必欲合势同来攻我，宜速备之。』

⑰杖而立者，饥也：以手中兵器倚持站立，说明敌军饥饿缺粮。杖，挂杖，挟杖，此处指倚兵器而立。

⑱汲而先饮者，渴也：负责取水的人自己先喝水，说明敌军干渴缺水。汲，从井中取水。杜牧注：『命之汲水，汲而先饮者困，渴也。』『凡人不食则饥，故倚兵器而立。』

⑲见利而不进者，劳也。睹一人，三军可知也。"

"士卒疲劳，不可使战，故虽见利，将不敢进也。"

⑳鸟集者，虚也：敌军营地鸟雀群集，说明敌营空虚。陈皞注："此言敌人若去，营幕必空，禽鸟既无畏，乃鸣集其上。"

㉑夜呼者，恐也：敌军夜间惊呼，表明其军心不稳，惊恐不安。

㉒军扰者，将不重也：军中惊扰混乱，说明将领缺乏威严。杜牧注："言进退举止轻佻率易无威重，军士亦扰乱也。"

㉓旌旗动者，乱也：军中旗帜动摇，说明阵脚混乱。张预注："旌旗所以齐众也，而动摇无定，是部伍杂乱也。"

㉔吏怒者，倦也：军官动辄发怒，说明敌军已厌倦。杜牧注："众悉倦弊，故吏不畏而忿怒也。"

㉕粟马肉食，军无悬缻，不返其舍者，穷寇也：用军粮喂马，杀牲口吃肉，收拾起炊具，军队不归营房，表明敌军已成为孤注一掷的穷寇。粟马，用粮喂马，粟用作动词。缻，同"缶"，此处指陶制炊具。梅尧臣注："给粮以秣乎马，杀畜以饷乎士，弃缻不复炊，暴露不返舍，是欲决战而取胜也。"

㉖谆谆翕翕，徐与人言：低声下气，委婉温和地与士卒讲话。《通典》《太平御览》作"徐言入入"。

㉗数赏者，窘也：屡次犒赏士卒，表明穷于应付困难。窘，窘迫。杜牧注："势力穷窘，恐众为叛，数赏以悦之。"

㉘数罚者，困也：不断惩罚部下，表明陷入困境。王晳注："众困而不精勤，则数罚以胁之也。"

㉙先暴而后畏其众者，不精之至也：对部下先是凶暴无礼而后又害怕的，是最不精明的将领。张预注："先刻暴御下，后畏众叛己，是用威行爱不精之甚。"

㉚来委谢者，欲休息也：敌方派使者婉辞谈判的，说明敌人希望休战。梅尧臣注："力屈欲休兵，委质以来谢。"

㉛久而不合，又不相去，必谨察之，恐有奇伏旁起也。"

孙子兵法

上篇·原典释译

【译文】

敌军逼近而仍保持镇静,是倚仗自己据有险要的地形;敌军距离很远而来挑战,是打算引诱我军前进;敌军居险要而驻扎于平坦地带,是因为有对它有利的意图。林中树木摇动,是有敌人隐蔽袭来;草丛里有许多障碍,是敌人布设的疑阵;鸟雀被惊起,说明下面有伏兵;野兽受惊狂奔,是敌人大举突袭;飞尘高而且尖,是敌军的战车驰来;飞尘低而且面广,是敌军的步兵开来;飞尘四散而且细长,是敌军在山上砍柴;飞尘稀少并且时起时落,是敌军在察看地形安营扎寨。敌方使者言词谦恭而又在加紧作战准备,是敌军要进攻;敌方使者言词强横而又作出进军姿态的,是在准备撤退;敌军战车先出并部署在翼侧,是在布列阵势;敌军往来奔走而部署兵车阵势,是期求与我军交战;敌军半进半退,是想引诱我军深入。敌军倚挟兵器站立,是饥饿缺粮的表现;敌军取水的人先喝水,是干渴缺水的表现;敌军发现战术上有利可图而不进兵,表明他们已疲惫不堪;敌军营帐鸟雀群集,说明敌营空虚;敌军夜间惊呼,说明他们惊扰混乱不安;敌人军中旗帜动摇,说明它阵脚混乱;敌人军官动辄发怒,说明敌军已厌倦;用军粮喂马,杀牲口吃肉,收起炊具,军队不归营地,表明敌军已成孤注一掷的穷寇;敌人军官低声下气地与士卒讲话,表明将领失去人心;屡次犒赏部下,表明敌军已穷于应付困境;屡次处罚部下,表明敌军希望休战;敌方派使者婉辞谈判,说明敌军气势汹汹前来对阵,但久不交战而又不撤兵,怕,是最不精明的做法。必须慎重地观察它的企图。

【原文】

兵非益多①也,惟无武进②,足以并力、料敌、取人而已③;夫惟无虑而易敌者,必擒于人④。

【注释】

①兵非益多:并非兵越多越好。贾林注:"不贵众击寡,所贵寡击众。"
②惟无武进:不过不能恃勇轻进。武进,恃武轻进。王皙注:"不可但恃武也,当以计智料敌而行。"
③足以并力、料敌、取人而已:能足以集中力量,判明敌情,善于用人就可以了。李筌注:"兵众武,用力均,

八八

④无虑而易敌者，必擒于人：缺乏深谋远虑而又轻敌的人，一定会被敌人俘获。张预注：『不能料人，反轻敌以武进，必为人所擒也。』

【译文】

作战并不在于兵越多越好，不过不能轻敌而恃勇轻进，要能够集中力量、判明敌情、善于用人就可以了。只有那种缺乏深谋远虑而又轻敌的人，必然会被敌人俘获。

【原文】

卒未亲附而罚之则不服①，不服则难用也；卒已亲附而罚不行，则不可用也。故令之以文，齐之以武②，是谓必取③。令素行以教其民④，则民服；令不素行以教其民，则民不服。令素行者，与众相得也⑤。

【注释】

① 卒未亲附而罚之则不服：对于士卒，在他们尚未亲近依附时就加以处罚，他们就会不服。张预注：『骤居将帅之位，恩信未加于民，而遽以刑罚齐之，则怨怼而难用。』

② 令之以文，齐之以武：用道义来教育、安抚，用军纪军法来约束军队。《吴子·论将》：『总文武者，军之将也』；兼刚柔者，兵之事也。』

③ 是谓必取：这样训练出来的军队打仗一定可以取胜。取，取胜。梅尧臣注：『命以仁恩，齐以威刑，恩威并著，则能必胜。』

④ 令素行以教其民：平素就认真实行严格要求来管教士卒。张预注：『将令素行，其民已信，教而用之，人人听服。』

⑤ 令素行者，与众相得也：平素能严格执行军令的，说明将领与士卒之间相互信任。

【译文】

在士卒尚未亲近依附时就施以处罚，士卒就会怨愤不服，怨愤不服就难以使用他们；士卒已经亲近依附后，仍不能执行军法军纪，那么也不能用来打仗。所以，要用道义来教育、安抚，用军法军纪来约束军队，这样训练出来

孙子兵法

的军队作战必定能够取胜。平时能认真贯彻军令、教育士卒，士卒就可以养成服从的习惯。平时能认真执行军令的，说明将领与士卒之间相互信任。

【品读】

《行军》的主旨，孙武开门见山就指出，是『处军』和『相敌』。

『处军』，一是论述特种地形条件下部队的行军（开进行军和接敌行军）和战斗方法，二是论述部队宿营的原则和方法。

孙武主要谈到了四种地形情况：一是关于山地行军、宿营和战斗。他说『绝山依谷』，通过山地必须沿着山谷行进。这是因为山谷地形比较平坦，水草便利，荫蔽条件好。这里说的是行军应注意的事项。而在宿营时则要『视生处高』。李筌注：『向阳曰生，在山曰高。』通俗地说，就是地形有利，例如视界开阔，易守难攻，干燥向阳，既险且要等。至于山地战的法则就是『战隆无登』。贾林注：『战宜乘下，不可迎高也。』山地作战，只宜居高临下地俯冲，不宜自下而上地仰攻。

二是关于江河作战。孙武讲了五层意思，也就是五条原则：第一、『绝水必远水』，部队通过江河后必须迅速远离河流，目的是避免背水作战，退无所归。远离江河，既可以引诱敌人渡河，迫敌于背水之地，又可使自己进退不致受阻。第二，『客绝水而来，勿迎之于水内，令半济而击之，利』。『半济而击』即乘敌军半数已渡、半数未渡之时发起攻击。这一江河作战的原则，古往今来被许多战争实践所证明，是一条行之有效的原则。吴楚柏举之战中，夫概王就向吴王阖闾提出过『半济而后可击』的建议，获得了重大战果。其实，早在前638年的宋楚泓水（今河南柘城县北）之战中，宋军司马子鱼看到楚军正渡河而宋军早已严阵以待，就向宋襄公建议乘楚军半渡、挥军进击。只是由于宋襄公的昏聩愚蠢，才一误再误战机，遭到了失败。（《左传·僖公二十二年》）可见这一原则已早在孙武之前一百多年就提出来了。第三，『欲战者，无附于水而迎客』，这是江河作战的又一原则。它包含两层意思：如果我方决心迎战，那就要采取远离河川的配置，诱敌半渡而击；如果我方不准备迎战，那就阻水列阵，使敌不敢轻易强渡。前627年晋楚在泜水对峙就是前一种情形的写照。晋将阳处父派人对楚将子上说：楚军如果企图一决雌雄那么我军后退三十里，让你们摆好阵势再开战。阳处父的这一条诱兵之计被楚军的孙伯识破了，看出这不过是「半涉而薄我」。由于晋楚双方都不敢渡河，因此皆不战而归国。第四，「视生处高」，张预注：「或岸边为阵，或水上泊舟，皆须面阳而居高。」第五，「无迎水流」，是说不要处于下游，防止敌军从上游或顺流而下，或决堤放水，或投放毒药。前525年的吴楚长岸（今安徽当涂）之战中，楚国令尹阳匄占卜战争的结果不吉利。司马子鱼说：「我得上游，何故不吉？」于是出战，果然大败吴军，夺得吴国巨型战船「余皇」。由此可见，水战占据上游，有地利的优势。

三是盐碱沼泽地。在这种地形行军，作战对敌我都不利，既少水草，又无粮食，因而必须「亟去无留」，迅速通过，迅速脱离。一旦在这种地形同敌人遭遇，孙武要求「必依水草而背众树」。因为一方面可以借草木以为依托，另一方面在沼泽地中，凡是生长草木的地带，土质相对地要坚硬一些，便于立足和通行，占据它就具有了主动地位。

四是平地作战，一要「处易而右背高」——选择地势平坦之地以便于战车驰突，又以右翼依托高地，以便战场观察。有的认为古人以「右」为尊，因此，「右」代指主要翼侧。「右背高」就是主要翼侧依托高地。这一解释有其合理的地方，但无论其在左在右都要以主要翼侧抢占之。我认为这较之释「右」为「翼」要合理。

然而，问题却在于与《孙子兵法》大体同时代的典籍和战例明确记载「右」就是「右翼」「右方」；「左」就是「左翼」「左方」。例如，《老子》：「君子居则贵左，用兵则贵右。」又说：「偏将军居左，上将军居右。」《司马法》也说：「凡战：背风背高，右高左险。」再从战史上看，楚国的习惯不仅「尚左」，以「左」为尊，而且作战时以主将率领主力位于整个方阵的左翼，中原各国则相反。因此，释「右」为右翼也可备一说。

平地作战的再一个原则是「前死后生」。杜牧注：「死者，下也；生者，高也。」前低后高利于出击。我觉得仅仅局限于「高低」还不能说明「死」「生」的全部涵义。它应当还包括荫蔽条件的好坏，险易程度的优劣，行进道路的方便程度等等。

"处军"的第二方面内容,孙武着重强调了宿营时要注意的事项:选择地势高而干燥卫生、水草丰美而又粮道便利的地方扎营。他认为很好地利用地形,是取胜的重要条件,所谓"此兵之利,地之助也"。他在讲了涨洪水时涉渡江河应注意观察水势之后,提出了"六害之地":绝涧、天井、天牢、天罗、天陷、天隙。对于这六种断裂地形必须采取诱敌"近之",我则"远之";迫敌"背之",我则"迎之",以便聚而歼之。当部队行进入"险阻、潢井、葭苇、山林、翳荟"之地时,要严密搜索,防止敌人的侦察和间谍隐藏其内。

关于本篇的第二个主要内容"相敌"——战场观察,孙武详细列举了三十二种现象,这些现象都可以从当时的战例中找到史实的印证。孙武的"相敌"之法,是那个时代在白昼直接用视力在阵地前沿进行敌情观察的方法。这些通过各种征候以判断敌情的方法,虽然是古朴的、原始的,然而却是生动的、具体的,它从一个侧面真实地反映了春秋时代的战争特点。下面,我们仅举几个战例加以说明。

"众树动者,来也。"曹操注:"斩伐树木,除道进来,故动。"不仅如此,当时树木还可以作为兵器和军械。所以,树木摇动是敌人要到来的征候。

例如晋楚城濮战前,晋军"伐其木以益其兵"(《左传·僖公二十八年》),就是为了增加作战的器械。

"辞强而进驱者,退也。"公元前615年秦晋河曲(今山西永济县境)之战时,秦军准备撤退,却派使者夜赴晋营说:"今天的仗,将士们都没有打痛快,明天战场再见。晋将臾骈却从秦使的眼神和口气中察觉到秦军要撤退,他说:"使者目动而言肆,惧我也,将遁矣。"建议乘机把秦军逼到黄河岸边而击败之。

"尘高而锐者,车来也。"晋楚邲之战时,楚将潘党观察到晋军战车奔驰扬起的尘土,便把情况报告了主将,为楚军迅速调整部署掩袭晋军赢得了主动。(见《左传·宣公十二年》)。

"鸟集者,虚也。"公元前555年齐晋两军在平阴(今山东平阴北)对峙时,齐军撤退的当夜,晋军的师旷判断说:"有战马盘桓的声音,齐军可能逃走了。"邢伯判断说:"乌鸦的叫声轻松愉快,齐军可能逃走了。"叔向判断说:"城上有乌鸦,齐军恐怕逃走了。"(见《左传·襄公二十八年》)

"旌旗动者,乱也。"曹刿在长勺之战中就是根据齐军"辙乱旗靡"而建议发起追击的。

孙武所以不厌其烦地列举数十种『相敌』的方法，目的就是告诫那些自以为兵强马壮而鲁莽从事的将领，『兵非益多也，惟无武进，足以并力，料敌，取人而已』。如果既不注意『处军』的原则，又不懂得『相敌』之法，而是『无虑而易敌』，那么必遭失败，『必擒于人』。

孙武在篇终简略地谈到了『令之以文，齐之以武』的御兵原则，做到内部团结，令行禁止，目的是为了在战场上『足以并力』，一致对敌。

第十章 地形篇

【原文】

孙子曰：地形有通者①，有挂者②，有支者③，有隘者④，有险者⑤，有远者。我可以往，彼可以来，曰通；通形者，先居高阳⑥，利粮道，以战则利⑦。可以往，难以返，曰挂；挂形者，敌无备，出而胜之⑧；敌若有备，出而不胜，难以返，不利。我出而不利，彼出而不利，曰支；支形者，敌虽利我，我无出也⑨；引而去之，令敌半出而击之⑩，利。隘形者，我先居之，必盈之以待敌⑪；若敌先居之，盈而勿从，不盈而从之⑫。险形者，我先居之，必居高阳以待敌⑬；若敌先居之，引而去之，勿从也。远形者，势均，难以挑战⑭，战而不利。凡此六者，地之道⑮也；将之至任，不可不察也。

【注释】

① 地形有通者：地形，即地理形势。通，四通八达。
② 挂者：易进难退的地形。梅尧臣注：『网罗之地，往必挂缀。』
③ 支者：敌我双方可以据险对峙而不宜进攻的地形。
④ 隘者：两山之间的狭窄险要地带。
⑤ 险者：形势险要的地带。
⑥ 先居高阳：首先占领地势高而且向阳的地方。
⑦ 利粮道，以战则利：保持运粮通道的畅通，就能有利于作战。杜牧注：『利粮道者，每于津阨或敌人要冲，则筑垒或作甬道以护之。』
⑧ 挂形者，敌无备，出而胜之：在易进难退的挂形地带，敌军没有防备时，就可以出击以取胜。杜牧注：『挂者，险阻之地，与敌其有犬牙相错，动有挂碍也，往攻敌，敌若无备，攻之必胜，则虽与险阻相错，敌人已败，不得复邀我归路矣。』
⑨ 敌虽利我，我无出也：故军即便以利引诱，我军也不要出击。利，以利相诱。无，通『勿』。梅尧臣注：『各

居所险，先出必败，利而诱我，我不可受，伪去引敌，半出而击。」

⑩令敌半出而击之：让敌人出动至一半时再回击。陈皞注：「我若引去，敌止则已。若来袭我，候其半出，则急袭之。」

⑪必盈之以待敌：必须以足够的兵力堵守隘口，以便等敌军到来。杜佑注：「盈，满也。以兵陈满隘形，欲使敌不得进退也。」

⑫盈而勿从，不盈而从之：敌人在隘形地带如已派充足的兵力防守，就不可去攻打；如敌人虽已占领该处，但兵力并不充足，就可以去攻打。张预注：「敌若先居此地，盈塞隘口而陈者，不可从也。若虽守隘口，俱不满齐者，入而从之，与敌共此险阻之利。」

⑬险形者，我先居之，必居高阳以待敌：遇到险要地形，我军应抢先到达占领向阳的制高点，以待敌军，杜佑注：「居高阳之地以待敌人，敌人从其下阴而来，此之则胜。」

⑭远形者，势均，难以挑战：两军相距较远而且势力相当的情况下，不宜主动挑战。

⑮地之道：关于利用地形行军作战的原则。此处指以上所述六种地形情况下的行动特点。

【译文】

孙武说：地形有「通」「挂」「支」「隘」「险」「远」六种。我军可以去，敌军也可以来的地带，就叫做「通」；在「通形」地带，要抢先占据向阳的高地，并保持运粮通道的畅通，这样有利于对敌作战。可以前进而不易返回的地带，就叫做「挂」；在「挂形」地带，如果敌军无防备，就要突然出击战胜他们；如果敌军已有防备，我军出击就难以取胜，这样就很难返回，对我们不利。我军出击不利，敌军出击也不利的地带，就叫做「支」；在「支形」地带，敌军即使以利相诱，我军也不要出击，要带领军队假装退走，引诱敌军出动一半时再回军反击，这样有利。有「隘形」地带，我军如能先占领，要用足够的兵力堵守隘口，以等待敌人来攻。若敌军已先占领，并有足够的兵力据守，就不可去攻取。在「险形」地带，若我军先占领，就应该占据向阳的高地，以等待敌人到来。若被敌军先占据，则应率军退去，不可去进攻。在「远形」地带，并且敌我双方势力相当时，

孙子兵法

则不宜主动挑战，勉强求战，对我方不利。以上六条是利用地形的原则。这是作为将帅者的重大责任，不可不慎重考察研究。

【原文】

故兵有走者①，有弛者，有陷者，有崩者，有乱者，有北者。凡此六者，非天之灾，将之过也。夫势均，以一击十，曰走②。卒强吏弱，曰弛③。吏强卒弱，曰陷④。大吏怒而不服⑤，遇敌怼而自战⑥，将不知其能，曰崩。将弱不严⑦，教道不明⑧，吏卒无常⑨，陈兵纵横⑩，曰乱。将不能料敌⑪，以少合众，以弱击强，兵无选锋⑫，曰北⑬。凡此六者，败之道也；将之至任，不可不察也。

【注释】

① 兵有走者：这里的『兵』系指败兵，走，败逃。

② 夫势均，以一击十，曰走：双方势均力敌的情况下，一方以一击十而失败的，就叫做『走』。杜牧注：『夫以一击之十之道，先须敌人与我将之智谋，兵之勇怯，天时地利，饥饱劳佚，十倍相悬，然后可以奋一击十。若势均力敌，不能自料，以我之一，击敌之十，则须奔走，不能返舍复为驻止矣。』

③ 卒强吏弱，曰弛：士卒强悍而军吏懦弱，不能指挥得当，军纪松弛而失败的，就叫做『弛』。

④ 吏强卒弱，曰陷：军吏刚强而士卒怯弱，队伍涣散而失败的，叫做『陷』。张预注：『将吏刚勇欲战，而士卒素之训练，不能齐勇同奋，苟用之，必陷于败亡。』

⑤ 大吏怒而不服：『偏将怨怒，不服从主将指挥。大吏，小将，偏裨将佐。』

⑥ 遇敌怼而自战：遇到敌军时心怀怨愤，擅自率领所部出战。怼，怨恨。梅尧臣注：『小将心怒而不服，遇敌怨怼而不顾，自取崩败者，盖将不知其能也。』

⑦ 将弱不严：将领懦弱无能而军纪不严。

⑧ 教道不明：对部下缺乏教育和训练。

⑨ 吏卒无常：军中下级将佐与士卒不遵法纪、军规。常，常法，军纪。

孙子兵法

⑩陈兵纵横：出兵列阵横冲直撞，没有章法。张预注：「将弱不严，谓将帅无威德也；教道不明，谓教阅无古法也；吏卒无常，谓将臣无久任也；陈兵纵横，谓士卒无节制也。为将若此，自乱之道也。」

⑪将不能料敌：将帅不了解和分析敌情。

⑫兵无选锋：不能挑选英勇善战的士卒组成的精锐部队做先锋。《尉缭子·战威》：「武士不选，则众不强。」贾林注：「兵锋不选利钝，士卒不知勇怯，如此用兵，自取北道也。」

⑬北：败，败北。李筌注：「军败为北。」

【译文】

军队战败可分为「走」「弛」「陷」「崩」「乱」「北」六种情况。大凡这六种情况的出现，都不是天灾所造成，而在于将帅自身的过错。在敌我双方势力相当的情况下以一击十而导致战败的，叫做「走」。士卒强悍而将吏懦弱造成的失败，叫做「弛」。将吏强悍而士卒怯弱造成的失败，叫做「陷」。部将愤怒不服从指挥，遇敌而擅自出战，主将又不了解其能力以便控制，这样失败的叫做「崩」。将帅软弱而缺乏威严，训练军队没有章法，吏卒不遵军法军纪，出兵列阵杂乱无章，这样失败的叫做「乱」。将帅不能正确判断敌情，以少击多，以弱击强，没有挑选精锐军队作为先锋，这样失败的叫做「北」。以上六种情况，都必然会导致失败。这些是将帅的重大责任所在，是不可不认真加以研究的。

【原文】

夫地形者，兵之助也①。料敌制胜②，计险阨、远近③，上将之道④也。知此而用战者必胜，不知此而用战者必败。故战道⑤必胜，主⑥曰无战⑦，必战可也；战道不胜，主曰必战，无战可也。故进不求名，退不避罪，惟人是保⑧，而利合于主，国之宝也⑨。

【注释】

①地形者，兵之助也：地形是用兵作战的重要辅助条件。贾林注：「战虽在兵，得地易胜，故曰兵之易也。山可障，水可灌，高胜卑，险胜平也。」

②料敌制胜：准确地分析判断敌情以制定取胜计划。

孙子兵法

【原文】

视卒如婴儿①，故可与之赴深溪；视卒如爱子，故可与之俱死。厚而不能使，爱而不能令②，乱而不能治③，譬若骄子，不可用也。

【注释】

① 视卒如婴儿：把士兵们像自己的婴儿一样看待。张预注：'将视卒如子，则卒视将如父，未有父在危难而子不致死。'

② 厚而不能使，爱而不能令：对士卒只知厚待而不善于使用，只一味溺爱而不知教育。张预注：'恩不可以专用，

【译文】

地形是用兵的辅助条件。正确判断分析敌情，制订取胜计划，考察地形险易，计算道路远近，这些是高明的将帅应该掌握的方法。懂得这些道理去指导作战就一定能胜利，不懂得这些道理去指导作战就必然会失败。所以，根据战争自身的规律来看确有必胜把握的，即使君主说不要打，也可以去打；根据战争规律来看不能取胜的，即使君主说要打，也可以不打。作为将帅要进不求战胜的功名，退不回避违抗命令的责任，只求保护民众而符合君主的根本利益，这样的将帅是国家的宝贵人才。

③ 计险阨、远近：考察地势的险易虚实，计算道路的远近。

④ 上将之道：高明将领的用兵之道。杜牧注：'馈用之费，人马之力，攻守之便，皆在险阨远近也。言若能料此以制敌，乃为将臻极之道。'

⑤ 战道：战争的必然规律。

⑥ 主：国君，君主。

⑦ 无战：不要交战。无，通'勿'。

⑧ 惟人是保：人，民，民众。王皙注：'战与不战，皆在保民利主而已矣。'

⑨ 国之宝也：国家的宝贵财富。张预注：'进退违命，非为己也。皆所以保民命而合主利，此忠臣，国家之宝也。'

【原文】

将帅对待士卒像对待婴儿，士卒就能随将帅一起赴汤蹈火；将帅对待士卒像对待爱子，士卒就能与将帅同生共死。但若对士卒厚养而不善于使用，溺爱而不知教育，违纪而不知惩处，那就好像娇养的子女一样，是不能让他们打仗的。

③乱而不能治：发生违犯军纪的混乱情况而不能约束管教。

罚不可以独行。专用恩，则卒如娇子而不能使。』

【原文】

知吾卒之可以击，而不知敌之不可击，胜之半也①；知敌之可击，而不知吾卒之不可以击，胜之半也；知敌之可击，知吾卒之可以击，而不知地形之不可以战，胜之半也②。故知兵者③，动而不迷④，举而不穷⑤。故曰：知彼知己，胜乃不殆⑥；知天知地，胜乃不穷。

【注释】

①知吾卒之可以击，而不知敌之不可击，胜之半也：只知道我军方面的情况可以出战，而不了解敌军方面的情况不可出战，胜利与失败的可能性各占一半。梅尧臣注：『知己而不知彼，或有胜耳。』

②不知地形之不可以战，胜之半也：不了解地形因素不宜出战，即使知己知彼，胜利的可能性也只有一半。张预注：『既知己又知彼，但不得地形之助，亦不可全胜。』

③知兵者：真正通晓用兵之道的将领。

④动而不迷：举措不会受迷惑。

⑤举而不穷：行动方案变化无穷。陈皥注：『穷者，困也。我若识彼此之动否，量地形之得失，则进而不迷，战而不困者也。』

⑥胜乃不殆：胜利而不会有危险。

【译文】

只知道自己的情况可以出战，而不了解敌军的情况不可出战，取胜的可能性只有一半；只知道敌军的情况可以

孙子兵法

出战，而不了解自己的情况不可出战，取胜的可能性只有一半；既知道敌军的情况可以出战，而不了解地形条件不利于作战，取胜的可能性也只有一半。因此，懂得用兵之道的将帅，行动不会受迷惑，举措变化无穷。所以说，了解敌人也了解自己，胜利就不会有危险。懂得天时也懂得地利，胜利就会不可穷尽。

【品读】

本篇所谓的"地形"，说的是军事地形学上的问题。它通过"地有六形""兵有六败"的论述，辩证地揭示了敌情与军事地理的相互关系。因此，"料敌制胜，计险阨远近"一语，可以看作是本篇的核心。

孙武所说的六种地形，现分述如下。

一是"通形"，即通畅无阻的平原地形。这种地形，"我可以往，彼可以来"，无论军队沿道路（当时所谓阡陌交通）进行机动，还是越野机动，都有较好的交通运输条件。但是，由于视界开阔，难以荫蔽，孙武认为"通形"地区作战必须"先居高阳"，占领独立高地或小丘，瞰制四周，以便"利粮道"，保障运输补给。

二是"挂形"，即"可以往，难以返"，山高坡陡的挂碍地形。孙武认为，位于"挂形"之军，因为凭险而踞，荫蔽良好，瞰制敌军有利，因此，如果能巧妙地发挥这一山地条件的特点，就可以收到出奇制胜的战果；如果运用不当，也招致重大损失。

三是"支形"，即便于敌对双方形成对峙相持的断绝地形。杜牧注云："支者，我与敌人各守高险，对垒而军，中有平地，狭而且长，出军则不能成阵，遇敌人则不利便。如此，则堂堂引去，伏卒待之；敌若蹑我，候其半出，发兵击之则利。若敌人先去以诱我，我不可出也。"他这一解释是符合孙武文意的。

四是"隘形"，即通道狭窄的隘口。利于凭险防守，既可节省守兵，又可阻援疲敌。吴楚柏举之战中，吴军通过的义阳三关就是这样的隘口。孙武认为，如果敌人已派重兵封锁了隘口，就不要轻易发起进攻。从这里可以看出，孙武在讨论军事问题时，时时处处都表现出他的"全胜"思想，要求胜于易胜，而不主张打硬仗，拼消耗。

五是"险形"，乃指山川艰险梗塞的险阻地形，而不是指必争之地、必经之地的险要地形。孙武清楚地表明，"若敌先居之，引而去之，勿从也"。"引"就是撤退；"去"就是离开。如果把"险形"的险释为形势险要的地形，那就是兵家必争之地，不能『引而去之』了。

六是『远形』，指敌对双方相距较远的集结地域。这种地形对于双方的进攻都不利，孙武称之为『势均』。有的误把这里的『势』释为兵力相等，势均力敌，这就离开了孙武的原意。孟氏注指出『势均』乃『地势均等，无独便利』。杜牧的注文更为明晰：『譬如我与敌相去三十里，若我来就敌垒，而延敌欲战者，是我困敌锐，故战者不利。若敌来就我垒，延我欲战者，是我逸敌劳，敌亦不利。然则如何？曰：欲必战者，则移相近也。所不备，无所不寡』，因而当敌来攻时，形成敌专为一，我分为十的兵力对比。以如此众寡悬殊的兵力去作战，必然要败逃。

总之，孙武认为，以上六种地形，是『地之道也，将之至任，不可不察也』。

下面我们来谈『兵有六败』，这主要是关于作战中的带兵问题和兵力使用问题。

第一『走』（败走）。『势均，以一击十，曰走』。在兵力使用上，孙武反对平分兵力，没有主次。例如，防御时『无所不备，无所不寡』也会导致失败。

第二『弛』（领导软弱无能），『卒强吏弱，曰弛』。士兵军事素质好，战斗力强，但指挥官懦弱无能，领导不力，也会导致失败。

第三『陷』（士卒战斗力低），『吏强卒弱，曰陷』。这条正好与上条相反，同样是导致失败的因素。

第四『崩』与第五『乱』，都是指将帅治军无方，统军无力，这也毫无疑问要失败。『晋之从政者新，未能行令。其佐先縠刚愎不仁，未肯用命，其三帅者专行不获，听而无上，众无适从。此行也，晋师必败。』（《左传·宣公十二年》）伍参的分析就是从『崩』『乱』角度作出胜负判断的。他这段话的大意是说：晋国辅政的都是新人，威信没有树立，不能做到令行禁止。主将荀林父的副手先縠这个人刚愎不仁，不肯服从命令。晋国的上中下三军统帅都想独断专权但又不能办到；想要听从命令，而又没有上级，无所适从。因此，晋军要失败。

第六『北』（失败），『将不能料敌，以少合众，以弱击强，兵无选锋，曰北』。孙武在这里提到『选锋』问题。

后来历代的军事家和兵书也都提到『选锋』，重视『选锋』。因此，有必要谈一谈『选锋』问题。

所谓「选锋」，就是一种类似敢死队、冲锋队的组织。从战史上看，至迟在商周牧野之战中，吕尚率领的八百勇士就是「选锋」（见《史记·周本纪》或《吕氏春秋·论威》）。从兵书上看，只要举《吴子》就可以代表了。它说：「凡是虎贲之士，要『选而别之，爱而责之』，作为『选锋』的人选。在《吴子·图国》中更从编制上明确指出：『民有胆勇气力者，聚为一卒；乐以进战效力，以显其忠勇者，聚为一卒；能逾高超远，轻足善走者，聚为一卒；王臣失位而欲见功于上者，聚为一卒；弃城去守欲除其丑者，聚为一卒。此五者，军之练锐也。』值得注意的是，孙武所处的春秋时期，各国都很重视「选锋」的挑选、训练。许多战例常见的「死师」，就是『选锋』。例如，公元前496年的吴越樵李（今浙江绍兴西南）之战，越军曾两次派『选锋』冲击吴军阵势，但未能奏效。后用犯了罪的囚徒，列为三行，在吴军阵前集体自杀，造成吴军惊愕，趁机突然发起攻击，击败吴军（《左传·定公十四年》）。再如晋国的狼瞫，就是以勇猛得到晋襄公的赏识，最后以必死的决心冲进秦军营阵而牺牲的（《左传·文公二年》）。

综合上面两大问题，孙武的结论是：军事地理是『兵之助也』，因而一方面要正确地了解和判断敌情，以求克敌制胜；另一方面要准确地计算地形的险易远近，以便对军队的开进、机动和部署，阵地的选择、使用和伪装作出正确的抉择，从而把敌情分析与地形利用有机地联系起来。要把这两者辩证地、紧密地结合起来指导作战，那么，将帅就应当有独立指挥，机断行事的权力。孙武公开地声称，作为一个将帅，应当『进不求名，退不避罪』。只要军事目的和结果明确：『惟民是保，而利合于主』；又对『战道必胜』或『战道不胜』有正确的分析判断，那么，对于国君错误的命令和瞎指挥，就可以不予置理。这样的见解和主张，只有革新和进步的新兴地主阶级，也只有在当时战争的发展日趋复杂而通信联络还停留在驿传条件下，才有可能提得出来，没有这样阶级的和时代的两方面条件，是不可能提出来的。

第十一章 九地篇

【原文】

孙子曰：用兵之法，有散地①，有轻地②，有争地③，有交地④，有衢地⑤，有重地⑥，有圮地⑦，有围地⑧，有死地。诸侯自战之地，为散地①。入人之地而不深者，为轻地②。我得则利，彼得亦利者，为争地③。我可以往，彼可以来者，为交地④。诸侯之地三属⑤，先至而得天下之众者，为衢地⑥。入人之地深，背城邑多者，为重地⑦。行山林、险阻、沮泽，凡难行之道者，为圮地⑧。所由入者隘，所从归者迂，彼寡可以击吾之众者，为围地⑨。疾战则存，不疾战则亡者，为死地⑩。是故散地则无战⑪，轻地则无止⑫，争地则无攻⑬，交地则无绝⑭，衢地则合交⑮，重地则掠⑯，圮地则行⑰，围地则谋⑱，死地则战⑲。

【注释】

① 诸侯自战之地，为散地：战争如在诸侯自己的领土上进行，因战场离家较近，士卒在遇到危急时容易溃散逃亡，所以叫做"散地"。杜佑注："战其境内之地，士卒意不专，有溃散之心，故曰散地。"

② 入人之地而不深者，为轻地：杜牧注："师出越境，必焚舟梁，示民无返顾之心。"陈皞注："彼我若先得其地者，逃亡返回，所以叫做'轻地'。"

③ 我得则利，彼得亦利者，为争地：敌我双方谁先占领谁就有利的必争要地。

④ 我可以往，彼可以来者，为交地：地势平坦、交通便利的地区叫做"交地"，这样的地方敌我双方都可以往来。张预注："敌有数道往来，通达而不可阻绝者，是交错之地也。"

⑤ 诸侯之地三属：敌我双方与其他诸侯国相连之地。曹操注："我与敌相当，而旁有他国也。"

⑥ 先至而得天下之众者，为衢地：先到达的一方就能得到周边诸侯的帮助，这样的地带叫做"衢地"。杜佑注："先至其地，交结诸侯之众为助也。"

孙子兵法

⑦入人之地深，背城邑多者，为重地：深入敌国境内，越过许多敌方的城镇的地区，叫做『重地』。杜牧注：『入人之境已深，过人之城已多，津梁皆为所恃，要冲皆为所据，还师返旆，不可得也。』

⑧行山林、险阻、沮泽，凡难行之道者，为圮地：山林、险要隘路、水网地、湖泊沼泽等难以通行的地带，叫做『圮地』。梅尧臣注：『水所毁圮，行则犹难，况战守乎。』

⑨围地：所由入的道路狭窄，退回的道路迂远，敌军以少数兵力即可战胜我军的地带，叫做『围地』。杜佑注：『所从入阨险，归道远也。持久则粮乏，故敌可以少击吾众者，为围地也。』

⑩死地：只有极力拼搏才能生存，不奋勇作战就面临绝路的地带。如贾林注：『地无关固，卒易散走，居此地者，不可数战。』

⑪散地则无战：在『散地』上不宜交战。然此说不可绝对，如贾林注：『地无关固，卒易散走，居此地者，不可数战。』

⑫轻地则无止：军队在『轻地』上不可停留。王晳注：『无故不可止也。』

⑬争地则无攻：在敌我双方必争之地，应抢先占领，如敌人已先占领，就不可再强行攻取。王晳注：『敌居形胜之地，先据乎利，而我不得其处，则不可攻。』

⑭交地则无绝：军队在『交地』要做到各部之间相互策应，保持联系。杜牧注：『川广地平，四面交战，须车骑部伍首尾联属，不可使断绝，恐敌人因而乘我。』

⑮衢地则合交：在交通便利的『衢地』上要加强与周围诸侯国的外交活动，以结外援，孤立敌军。张预注：『四通之地，先结交旁国也。』

⑯重地则掠：深入敌方的『重地』，要征服当地的粮草物资以供给自己的军队，这是『因粮于敌』的理论。王晳注：『掠，夺取。』『深入敌境，则掠饶野，以丰储也，难地食少则危。』

⑰圮地则行：遇到『圮地』应设法迅速通过。李筌注：『不可为沟隍，宜急去之。』张预注：『难以力胜，易以谋取也。』

⑱围地则谋：在『围地』中必须善于运用奇谋以摆脱被动局面。

⑲死地则战：在『疾战则存，不疾战则亡』的死地，必须拼死作战以求脱险。陈皞注：『陷在死地，则军中人人自战，

孙子兵法

【译文】

孙武说：根据用兵原则，作战的地区可分为散地、轻地、争地、交地、衢地、重地、圮地、围地、死地九类。诸侯在自己国土上作战，这样的地区叫做「散地」。进入敌国领土不远的地区，叫做「轻地」。我军可以往，敌军也可以来的地区，叫做「交地」。我军先占领有利，敌军先占领也有利的地区，叫做「争地」。我军与其他诸侯国相接壤，先到达就能够得到各诸侯国支援的地区，叫做「衢地」。深入敌国境内，越过许多敌方城邑的地区，叫做「重地」。山林、险阻、沼泽难以通行的地区，叫做「圮地」。进入的道路狭窄，退回的道路迂远，敌军能以少量兵力击败我军多数兵力的地区，叫做「围地」。迅速奋力作战就能生存，不迅速奋力作战就会消灭的地区，叫做「死地」。所以，在「散地」上不宜作战，在「轻地」上不宜停留，在「争地」不要在敌人先占领的情况下强行进攻，在「交地」要保持各部之间的联系。在「衢地」要善于设奇谋以求脱险。在「死地」应奋勇作战，死里求生。

故曰："置之死地而后生。"

【原文】

所谓古之善用兵者，能使敌人前后不相及①，众寡不相恃②，贵贱不相救③，上下不相收④，卒离而不集⑤，兵合而不齐⑥。合于利而动，不合于利而止⑦。敢问："敌众整而将来⑧，待之若何？"曰："先夺其所爱，则听矣⑨。"兵之情主速⑩，乘人之不及⑪，由不虞之道⑫，攻其所不戒也⑬。

【注释】

① 前后不相及：前后部队不能相互策应。及：顾及，照应。
② 众寡不相恃：主力部队与小分队之间无法相互依靠，协同作战。众，此处指主力部队。寡，此处指小分队。
③ 贵贱不相救：贵贱，身份高贵和卑微的人，此处分别指将官和士卒。官兵之间不能相互救应。
④ 上下不相收：由于军队建制被打乱，上下级之间失去联系，不能集结。收：聚集，收拢。《太平御览》作「上下不相扶」。

孙子兵法

⑤卒离而不集：士卒离散杂乱不能聚集。

⑥兵合而不齐：即便士卒集合起来也不能做到整齐统一。综合前几句，张预注为："出其不意，掩其无备，骁兵锐卒，猝然突击，彼救前则后虑，使仓皇散乱，不知所御，使吏士卒，不能相赴，其卒已散而不复聚，其兵虽合而不能一。"

⑦合于利而动，不合于利而止：符合于我军利益的就可采取相应行动，不符合于我军利益的则停止行动。

⑧敌众整而将来：如果敌军数量众多而且队伍整齐地攻来。汉简本作"敌众以正将来"。

⑨先夺其所爱，则听矣：应首先夺取敌军所赖以生存的要害之处，敌人就会不得不听从我军。爱，此处指关键部位，要害所在。听，顺从。杜牧注："据我便地，略我田野，利其粮道，断之者，敌人之所爱惜倚恃者也，若能夺之，则敌人虽强，进退胜败皆听我也。"

⑩兵之情主速：用兵的要诀重在迅速。情，主旨。

⑪乘人之不及：乘敌人措手不及的时候。张预注："乘人之仓卒，使不及为备也。"

⑫由不虞之道：从敌人意料不到的路径通过。不虞，意料不到。

⑬攻其所不戒也：进攻敌人不加戒备的地方。戒，戒备，守备。梅尧臣注："兵机贵速，当乘人之不备。乘人之不备者，行不虞之道，攻不戒之所也。"

【译文】

所谓从前善于用兵的人，能使敌人的前后各部无法互相策应，主力部队与小分队不能互相救援，上下隔绝而无法聚集，即使勉强聚集阵形也不整齐。我军应坚持有利而动，无利则停的原则。如果要问："敌军人数众多并且阵势严重地攻来，应该怎样对付它呢？"回答是："首先夺取敌人的要害之处，就能使它不得不听从我军的摆布了。"用兵的要诀是贵在神速，乘敌人猝不及防的时机，走敌人意想不到的道路，进攻敌人不加戒备的地方。

【原文】

凡为客之道①，深入则专②，主人不克③；掠于饶野④，三军足食；谨养而勿劳，并气积力⑤；运兵计谋，为不可测⑥。

【注释】

① 为客之道：离开本土进入敌国境内作战的原则。客，客军，即离开本国到敌境内作战的军队。

② 深入则专：深入到敌国境内，士卒无法轻易逃散，就会专心一致地作战。

③ 主人不克：在本国领土作战的一方就无法战胜客军。主人，在本国境内作战的军队。克，战胜。张预注："深入敌境，士卒心专，则为主者不能胜也。客在重地，主在轻地故耳。"

④ 掠于饶野：在敌国富饶的田野上夺取粮草，即"因粮于敌。"

⑤ 谨养而勿劳，并气积力：利用作战间隙休整兵力，不可使队伍过分疲劳，提高士卒斗志，积蓄作战锐气。杜牧注："深入敌人之境，须掠田野，使我足食，然后闭壁守之，勿使劳苦，气全力盛，一发取胜。"

⑥ 运兵计谋，为不可测：调动军队，设谋定计，使敌人难以判断。测，推测，判断。王皙注："形藏谋密，使敌不测，俟其有可胜之隙，则进入。"

⑦ 投之无所往：把军队放在无路可走的绝境。投，投置，置于。杜牧注："谓前后进退皆无所之。"

⑧ 死焉不得：士卒死都置之度外，还有什么不能做到呢？梅尧臣注："兵焉得不用命。"

⑨ 兵士甚陷则不惧：兵士们越是深陷危险的境地，反而不再恐惧了。杜牧注："陷于危险，势不独死，三军同心，故不惧也。"

⑩ 无所往则固：在无路可走的情况下军心就会稳定。梅尧臣注："投无所往，则自然心固，入深，则自然志专也。"

⑪ 深入则拘：深入敌方境内，军心就会专一而不散漫。张预注："动无所之，人心坚固，兵在重地，走无所适，则如拘系也。"

⑫ 不得已则斗：到了万不得已的时候就会殊死拼斗。

⑬ 故其兵不修而戒：

⑭ 不求而得，不约而亲：

⑮ 不令而信：

⑯ 禁祥去疑：

⑰ 至死无所之：

⑱ 吾士无余财，非恶货也；无余命，非恶寿也：

⑲ 令发之日，士卒坐者涕沾襟：

⑳

㉑ 偃卧者涕交颐：

㉒ 投之无所往者，诸、刿之通也。

⑬其兵不修而戒：军队不用整治督导就会主动加强戒备。张预注：「危难之地，人自同力，不修整而戒慎。」

⑭不约而亲：不用故意去约束就会自然亲密团结。杜牧注：「不待约令而自亲信也。」

⑮不命而信：不须严命就能遵守纪律。信，信从，服从。

⑯禁祥去疑：禁止迷信活动，消除谣言疑虑。祥，妖祥，占卜等迷信活动。梅尧臣注：「妖祥之事不作，疑惑之言不入，则军士必不乱，死而后已。」

⑰至死无所之：直到战死也不会逃避。之，往。

⑱吾士无余财，非恶货也：我们的将士没有多余的财物，并非不喜爱财物。恶，厌恶。货，财货，财物。杜牧注：「若有财货，恐士卒顾恋，有苟生之意，无必死之心也。」

⑲无余命，非恶寿也：没有多余的命（不怕死战），并非不爱惜生命，不想长寿。恶，寿命，长寿。张预注：「货与寿，人之所爱也。所以烧掷财宝，割弃性命者，非憎恶之也，不得已也。」

⑳令发之日，士卒坐者涕沾襟：颁布军令的时候，坐着的士卒涕泪沾湿了衣襟。涕，眼泪。襟，衣襟。李筌注：「弃财与命，有必死之志，故感而流涕也。」

㉑偃卧者涕交颐：躺着的士卒泪流满面。偃，躺倒。颐，面颊。

㉒诸、刿之勇：像专诸与曹刿一样英勇无畏。张预注：「人怀必死，则所向皆有专诸、曹刿之勇也。」诸，专诸，春秋时吴国勇士。公元前515年，被伍子胥推荐，在吴公子光（即后来的吴王阖闾）为吴王僚特设的宴席上，从鱼腹中取出暗藏的短剑刺杀吴王僚，当吴王卫士用长矛刺中他的背部时，他仍奋力把吴王僚而自立为吴王立了首功。刿，曹刿，又名曹沫，春秋时鲁国武士。鲁庄公十年（公元前684年），齐、鲁两国在柯（今山东东阿）会盟时，曹刿持剑相从，劫持齐桓公订立盟约，收回鲁国失地。军战于长勺，大胜。齐、鲁两国在柯（今山东东阿）会盟时，曹刿持剑相从，劫持齐桓公订立盟约，收回鲁国失地。

此处把这两人作为勇士的典范。

【译文】

大凡在敌国境内作战的通常原则是：越是深入敌境，军心就越是稳固，敌人无法战胜我们。在敌国丰饶的田野

孙子兵法

【原文】

故善用兵者，譬如率然①；率然者，常山②之蛇也。击其首则尾至，击其尾则首至，击其中则首尾俱至。敢问："兵可使如率然乎？"曰："可。"夫吴人与越人相恶也，当其同舟而济，遇风，其相救也如左右手。是故方马埋轮，未足恃也③；齐勇若一，政之道也④。刚柔皆得，地之理也⑤。故善用兵者，携手若使一人⑥，不得已也。

【注释】

①率然：古代传说中的一种蛇的名字。据《神异经·西荒经》："西方山中有蛇，头尾差大，有色五彩。人、物触之者，中头则尾至，中尾则头至，中腰则头尾并至，名曰率然。"张预注："率，犹速也，击之则速然相应，此喻阵法也。八阵图曰：以后为前，以前为后，四头八尾，独处为首。敌冲其中，首尾相救。"

②常山：即恒山。汉简本作"恒山"。在山西浑源南，为五岳中之北岳。西汉为避汉文帝刘恒之讳，改称"常山"。北周武帝时复称恒山。

③方马埋轮，未足恃也：把马并排拴在一起，把车轮埋住，想以此来防止士卒逃跑，是靠不住。方，并列，此处指系在一起。杜牧注："缚马埋轮，使为方阵，使为不动，虽如此，亦未足称为专固而足为恃也。"

④齐勇若一，政之道也：要使士卒齐心协力奋勇作战，才是治军的原则。政，此处指治理、管理。张预注："要于必死之地，使人自为战，相救如两手，此乃守固必胜之道，而足为恃也。"

上篇·原典释译

一〇九

孙子兵法

使士卒相应如一体也。"

⑤刚柔皆得，地之理也：让强者和弱者都能各尽其力，关键在于恰当地利用地形。张预注："得地利，则柔弱之卒亦可以克敌，况刚强之兵乎。刚弱俱获其用者，地势使之然也。"

⑥携手若使一人：使全军携手作战像一个人一样协调。携手，拉着手。贾林注："携手翻迭之道，便于回运，以后为前，以前为后，以左为右，以右为左，故百万之众如一人也。"

【译文】

所以善于用兵的人，能使军队灵活自如像"率然"一样。"率然"是生在常山的一种蛇，打着它的头部，它的尾巴就来救应；打着它的尾巴，头部就来救应；打着它的中间部位，头尾都来救应。如果要问："能让军队像'率然'一样吗？"回答是："可以。"吴国人与越国人虽是互相仇视，但是当他们同船渡河时遇上大风，也能互相救援，军上下齐心协力奋勇作战，配合得像人的左右手一样。因此，想用把马并排绑在一起、埋住车轮的办法来稳定住军队，那是靠不住的。要使全军强弱不同的士卒都能发挥各自的作用，关键在于恰如其分地利用地形。所以善于指挥作战的人，能使全军携手像一个人一样，是因为使军队处于不得不这样的境地中。

【原文】

将军之事①，静以幽②，正以治③。能愚士卒之耳目，使之无知④；易其事，革其谋，使人无识⑤；易其居，迂其途，使人不得虑⑥。帅与之期，如登高而去其梯⑦。帅与之深入诸侯之地，而发其机⑧，焚舟破釜⑨，若驱群羊，驱而往，驱而来，莫知所之。聚三军之众，投之于险，此谓将军之事也。九地之变⑩，屈伸之利，人情之理，不可不察。

【注释】

①将军之事：统率军队作战的事。将，用作动词，"指挥、统率"之意。

②静以幽：沉着冷静而幽深莫测。梅尧臣注："静以幽邃，人不能测。"

③正以治：严正而有条理。杜牧注："平正无偏，故能致治。"

④能愚士卒之耳目，使之无知：对于作战意图，不能让士卒了解真情。李筌注："为谋未熟，不欲令士卒知之，

可以乐成，不可与谋始，是以先愚其耳目，使无见知。"

⑤易其事，革其谋，使人无识；改变行动，更新计谋，让别人不能识破内情。易，改变。革，变更，改变。王皙注："已行之事，已施之谋，当革易之，不可再也。"

⑥易其居，迁其途，使人不得虑：变动驻军位置，进军路线迂回，使人们无法得知其意图。迁，迂回。虑，图谋。张预注："其居则去险而就易，其途则舍近而从远。人初不晓其旨，及取胜乃服。"

⑦帅与之期，如登高而去其梯：主帅向部队授予作战任务时，要如同使人登高然后抽去梯子一样，断绝其归路，使部队义无反顾地前进。

⑧帅与之深入诸侯之地，而发其机：主帅率领军队深入敌国境内，要像击发弩机而射出箭矢一样勇往直前。机，弩机。张预注："发其机，可往而不可返。"

⑨焚舟破釜：烧毁渡江的船只，打破做饭的炊具，即破釜沉舟，以示决一死战。李筌注："还师者皆焚舟梁，坚其志，既不知谋，又无返顾之心，是以如驱羊也。"

⑩九地之变，屈伸之利：对各种地形条件下的应变位置，根据实际情况使军队屈伸自如。王皙注："明九地之利害，亦当极其变耳。言屈伸之利者，未见便则屈，见便则伸。"

【译文】

统率军队的事情，设谋定计要沉着冷静而幽深莫测，治理军务要严正而有条不紊。要瞒过士卒的耳目，让他们对军事计划不知底细，改变行动，更新计谋，使别人无从识破内情，变动驻军位置，进军路线迂回，使人们不能推断行动意图。将帅向军队授予作战任务时，要如同使人登高然后抽去梯子一样，断绝其归路，使部队义无反顾地前进。主帅带领军队深入敌国境内，要像击发弩机而射出箭矢一样无前，烧毁船只，打破炊具，以示决一死战的意志。聚集全军士卒，置于危险的境地，让他们不知要到哪里去。对过去又赶过来，对士卒像驱赶羊群一样，赶过去又赶过来，让他们不知要到哪里去。主帅指挥作战的要务。对各种地形条件下的应变处置，根据情况使军队屈伸自如，掌握官兵们的心理变化，这些都是不可不认真研究和仔细考察的。

孙子兵法

【原文】

凡为客之道，深则专，浅则散①。去国越境而师者，绝地也②；四达者，衢地也；入深者，重地也；入浅者，轻地也；背固前隘者，围地也；无所往者，死地也。是故散地，吾将一其志④；轻地，吾将使之属⑤；争地，吾将趋其后⑥；交地，吾将谨其守⑦；衢地，吾将固其结⑧；重地，吾将继其食⑨；圮地，吾将进其涂⑩；围地，吾将塞其阙⑪；死地，吾将示之以不活⑫。故兵之情，围则御⑬，不得已则斗，过则从⑭。

【注释】

①深则专，浅则散：在敌国境内作战，深入就会士卒专心一致，浅进则士卒容易离散。梅尧臣注：『此下重言九地者，孙子勤勤于九变也。』

②去国越境而师者，绝地也：离开本土，跨越别国边界进入敌境作战的，就是进入了『绝地』。张预注：『去己国越人境而用师者，危绝之地也。』

③背固前隘者，围地也：背后地势险要而前面进路狭隘，前进困难而后退受阻的地区，叫做围地。张预注：『前狭后险，进退受制于人也。』

④散地，吾将一其志：在『散地』作战，我军要做到上下统一意志。一，统一。梅尧臣注：『保城备险，可一志坚守，候其虚懈，出而袭之。』

⑤轻地，吾将使之属：在『轻地』作战，要使自己的部队部署连贯。属，连接。杜牧注：『部伍营垒，密近联属，盖以轻散之地，一者备其逃逸，二者恐其敌至，使易相救。』

⑥争地，吾将趋其后：在『争地』作战，要迅速前进，抄到敌军的后面。

⑦交地，吾将谨其守：在我可以往、敌可以来的『交地』，要严密戒备，谨慎守卫。

⑧衢地，吾将固其结：在『衢地』用兵，要巩固与周围诸侯国的结盟。张预注：『财帛以利之，盟誓以要之，坚固不渝，则必为我助。』

⑨重地，吾将继其食：在『重地』，要注意保障粮草给养的补充。梅尧臣注：『道既遐绝，不可归国取粮，当

孙子兵法

掠彼以食军。」

⑩圮地，吾将进其涂：在「圮地」行军，应该迅速通过。杜佑注：「疾过去也，疾行无留。」

⑪围地，吾将塞其阙：陷于「围地」，要堵塞缺口，使士卒杜绝幻想，不得不拼死而战。阙，缺口。杜牧注：「兵法围师必阙，示以生路，令无死志，因而击之。今若我在围地，敌开生路以诱我卒，我返自塞之，令士卒有必死之心。」

⑫死地，吾将示之以不活：在「死地」作战，要向军队及敌人表示死战的决心。示，表示，宣示。贾林注：「焚财弃粮，塞井破灶，示必死也。」

⑬兵之情，围则御：士卒们的心理状态是，被包围就要奋起抵抗。杜牧注：「兵在围地，始乃人人有御敌持胜之心。」张预注：「深陷于危险之地，则无所不从。」

⑭过则从：陷入危险境地的士卒就会服从指挥。过，此处指深陷危境。从，服从，听从。

【译文】

大凡进入敌国境内作战的原则是：进入敌国境内越深，军队就越是稳固团结；进入敌国境内越浅，军队就越容易涣散。离开本国，跨越边界进入敌国境内的，叫做「绝地」；交通便利的地区叫做「衢地」；进入敌国境内深的地区叫做「重地」；进入敌国境内浅的地区叫做「轻地」。背后有险阻前面是狭路的地区叫做「围地」。无处可走的地区叫做「死地」。因此，在「散地」上作战，我军要做到上下统一意志。在「轻地」作战，要使自己的军队部署连贯。在「争地」作战，要迅速抄到敌军的后面。在「交地」，必须迅速通过，谨慎守卫。在「衢地」，要注意保障粮草给养的补充。在「重地」，要巩固与周围诸侯国的结盟。在「圮地」行军，必须迅速通过。陷于「围地」，要堵塞缺口。在「死地」，要表示死战的决心。士卒们的心理状态是，被包围就会奋起抵抗，迫不得已就会拼死战斗，陷入危险境地就会服从指挥。

【原文】

是故不知诸侯之谋者，不能预交；不知山林、险阻、沮泽之形者，不能行军；不用乡导者，不能得地利①。四五者，不知一，非霸王之兵②也。夫霸王之兵，伐大国，则其众不得聚③；威加于敌，则其交不得合④。是故不争天下之交⑤，

孙子兵法

上篇·原典释译

不养天下之权⑥，信己之私⑦，威加于敌，故其城可拔，其国可隳⑧，施无法之赏⑨，悬无政之令⑩，犯三军之众⑪若使一人。犯之以事，勿告以言⑫；犯之以利，勿告以害⑬。投之亡地然后存，陷之死地然后生⑭。夫众陷于害，然后能为胜败⑮。故为兵之事，在于顺详敌之意⑯，并敌一向，千里杀将⑰，此谓巧能成事者也。

【注释】

① 首句至『不能得地利』：与卷七《军争篇》中相同。或认为衍文。但曹操等注家认为是有意重复。王晳注：『再陈者，勤戒之也。』

② 四五者，不知一，非霸王之兵：九地的利害，有一不知，就不能成为霸者、王者的军队。霸，称霸诸侯的强国。王，号令天下的共主。汉简本『霸王』作『王霸』。张预注：『四五，谓九地之利害，有一不知，未能全胜。』

③ 其众不得聚：被进攻的国家来不及动员集中民众。杜牧注：『权力有余也，能分散敌也。』

④ 威加于敌，则其交不得合：以强大的声威加之于敌人，使各诸侯国不敢与之结成联盟。梅尧臣注：『威加敌，则旁国惧，旁国惧，则敌交不得合也。』

⑤ 不争天下之交：不必争着与其他国家结交为盟。《太平御览》作『不事天下之交』。

⑥ 不养天下之权：不必在别的国家中培植自己的势力。养，培养，培植。杜牧注：『不蓄养机权之计。』

⑦ 信己之私：应当施展自己的战略意图。信，通『伸』，伸展。私，自己的意图。

⑧ 威加于敌，故其城可拔，其国可隳：将兵威施加于敌国，就能够攻占敌人的城邑，摧毁敌人的国都。拔，攻占。国，都城。国都。隳，通『毁』，摧毁。

⑨ 施无法之赏：实行法外之赏，即超出惯例规定的奖赏。无法，不合于常法。曹操注：『军法令不应预施悬也。』张预注：『政不预告，

⑩ 悬无政之令：颁行政外之令，即打破常规的命令。悬，此处意为颁布。无政，不合于常规。汉简本作『无政之令』。

⑪ 犯三军之众：指挥全军上下行动。犯，此处指使用、驱使。梅尧臣注：『犯，用也。赏罚严明，用多若用寡也。』皆临事立制，以励士心。』

一一四

⑫犯之以事，勿告以言：让士卒去执行任务，但不要告诉他们这样做的意图。张预注："任用之于战斗，勿谕之以权谋，人知谋则疑生。"

⑬犯之以利，勿告以害：让士卒执行任务时，只可告诉他们有利的方面，而不要告诉有害的方面。张预注："人情见利则进，知害则避，故勿告以害也。"

⑭投之亡地然后存，陷之死地然后生：把军队置于危亡之处，反而能够保存；使士卒陷入死绝之地，反而可以得生。张预注："置之死亡之地，则人自为战，乃可存活也。"

⑮众陷于害，然后能为胜败：将军队放在险恶的境地中，然后才能决定胜败。梅尧臣注："既陷危难，然后胜，胜败在人为之耳。"

⑯为兵之事，在于顺详敌之意：指挥作战，在于谨慎地考察敌军的意图。顺，通"慎"，谨慎。详，详细考察。曹操、李筌等以"详"为"佯"，全句解作"佯顺敌之意"。

⑰并敌一句，千里杀将：集中兵力向敌人的一点进攻，长驱千里，擒杀敌将。王晳注："并兵一力以向之，可以覆其军，杀其将。"

【译文】

因此，不了解各诸侯国的战略意图，就不能与其结交，不熟悉山林、险阻、沼泽等地形，就不能行军，不使用向导，就不能得地利。这些利害关系，有一方面不了解，都不能成为争霸称王者的军队。凡是争霸称王者的军队，攻伐敌国时，可使被进攻的国家集中民众，以强大的声势加于敌国，可使各诸侯国不敢与之结成联盟。因此，没有必要去争着与其他诸侯结交为盟，也没有必要在其他国家培植自己的势力。只要施展自己的作战意图，把兵威加之于敌，就能够攻取敌人的城邑，毁灭敌国的都城。实行超出惯例规定的奖赏，颁发不拘常规的军令，指挥调动全军就像指挥一个人一样。让部下执行任务，而不要告诉其中的意图。使用兵力，只告知他们有利的方面，而不要说明有害的方面。军队陷于危险的境地，然后能夺取胜利。所以，指挥作战，要把士卒置于危地，才能保全；把士卒陷于死地，才能生存。军队陷于危险的境地，只有陷入危亡的境地，才能化险为夷，取得胜利。所以，指挥作战，在于审慎地考察敌人的意图。集中兵力向敌人的一点进攻，这样可以长驱千里，擒杀敌将。这就是所谓巧妙运谋以

孙子兵法

【原文】

是故政举之日①，夷关折符②，无通其使③；厉于廊庙之上，以诛其事④。敌人开阖，必亟入之⑤。先其所爱⑥，微与之期⑦。践墨随敌⑧，以决战事。是故始如处女，敌人开户⑨，后如脱兔，敌不及拒⑩。

【注释】

①政举之日：决定进行战争行动的时候。政，此处指军政大事。《左传》："国之大事，在祀与戎。"举，举措，决断。

②夷关折符：封锁关口，废除通行符志。杜绝边境双方居民来往。夷，夷平，此处指封闭，封锁。符，符志，证件。

③无通其使："夷关折符者，不令国人出入，盖恐敌人有间使潜来。"杜牧注："夷关折符者，不令国人出入，盖恐敌人有间使潜来。"

④厉于廊堂之上，以诛其事：在庙堂之上认真研究，以决定战争行动方案。厉，通"砺"，此处指反复推敲、琢磨。廊庙，即庙堂，此处借指国家最高决策机构。诛，即治，此处指商议决定。张预注："兵者大事，不可轻议，当惕厉于庙堂之上，密治其事，贵谋不外泄也。"

⑤敌人开阖，必亟入之：敌人如有可乘之机，必须急速乘隙而入。阖，门扇。

⑥先其所爱：首先夺取敌人最看重的关键地方。爱，珍爱，此处指关键、要害。杜牧注："凡是敌人所爱惜倚恃以为军者，则先夺之也。"

⑦微与之期：微，没有，此处作"勿"字解。不要和敌人约定交战日期。

⑧践墨随敌：不要墨守成规，而应随敌情变化需要决定作战方案。践，通"划"，除。墨，墨守成规。一说践墨即遵循法度，梅尧臣注："举动必践法度。"王晳注："践兵法如绳墨。"

⑨始如处女，敌人开户：开始时要像处女一样沉静，不露声色，以诱使敌人放松戒备。开户，开门，此处指放松戒备，露出空隙。张预注："守则如处女之弱，令敌懈怠，是以启隙。"

⑩后如脱兔，敌不及拒：在敌人"启隙"之后，要像脱逃的兔子那样迅疾采取行动，使敌人来不及抵抗。脱兔，脱逃的兔子。张预注："攻则犹脱兔之疾，乘敌仓卒，是以莫御。"

【译文】

因此，在制定战争计划的时候，就要封锁关口，废除通行凭证，停止和敌国的使臣来往，在庙堂之上反复筹划，决定战略方案。发现敌人方面有隙可乘，就应迅速乘机而入。首先要夺取对方的战略要地，但不要与敌人约期交战。所以，战事开始之前要像处女一样沉静而不露声色，以使敌人放松戒备。不可墨守成规，应随敌情变化决定行动。然后则像脱逃的野兔一样迅疾行动，使敌人来不及抵抗。

【品读】

《九地》是从战略地理学的角度出发，论述在战略进攻中实施突然袭击的若干问题。此篇虽然列于下卷，但在全书中的重要性不亚于《计篇》《谋攻篇》，并且词约义丰，有着较大的思想容量，颇值得研究。

为了探讨孙武关于突然袭击思想的底蕴，我想脱离他原来的叙述顺序，而按他的基本观点加以浅析。

首先，让我们看他关于发起突然袭击的描述："是故政举之日，夷关折符，无通其使，厉于廊庙之上，以诛其事。敌人开阖，必亟入之。先其所爱，微与之期。践墨随敌，以决战事。是故始如处女，敌人开户，后如脱兔，敌不及拒。"这就是两千多年前关于突然袭击最古朴、最原始的论述。然而，言简意赅，文义深邃，值得三读。这段论述是本篇的结论，荟萃了全篇的精义，仿佛一池深潭，汇合了山间的溪流。读罢全篇，只要掩卷而思，就会清晰地看到，孙武关于突然袭击的军事原则历经三个社会形态仍不减其历史的光泽；我们还会看到，孙武主张突然袭击，不仅是为其新兴地主阶级的兼并战争服务，而且与他的全胜思想仍然是息息相关的。因为，在战略进攻中，在其他条件不变的情况下，没有比采取出敌不意的突然袭击更能以较少的代价、较小的力量，换取较大胜利的了。

关于实施突然袭击的原则和方法，提要钩玄，似可概括为以下几个方面：

一、秘密地决策，荫蔽地准备

为了保障突然袭击的顺利实施，孙武指出，首先是战前要秘密地决策，不使泄露，所谓"厉于廊庙之上，以诛其事"。

张预注：「当惕厉于庙堂之上，密治其事，贵谋不外泄也。」为了保证军事机密不致外泄，一要「夷关折符」，封锁关口，销毁通行符证，不准本国之人出入国境，这样就避免了敌人间谍假窃符证，潜入侦探。二要「无通其使」，就是说，既要不接受敌人新派使臣来国，防其高明的间谍觇见微知著，察觉战略动向，也不允许敌国使臣回国，报告消息。不言而喻，为了保守秘密的需要，一切军事行动的准备工作都要荫蔽地进行，巧妙地伪装，以诱骗敌人丧失戒备，这就是他说的「始如处女，敌人开户」。

二、出敌意外的进攻时机，出敌判断的主攻方向

为了实现军事行动的突然性，孙武强调说：「故为兵之事，在于顺详敌之意，并敌一向，千里杀将。」这里包含了两层意思。一层意思是正确地选择进攻时机，所谓「顺详敌之意」，就是因势利导地抓住敌人的意图。杜牧注：「夫顺敌之意，盖言我欲击敌，未见其隙，则藏形闭迹，敌人之所为，顺之勿惊。」一旦有机可乘，就要不失时机地开始行动。所以，孙武说：「敌人开阖，必亟入之。」再来看另一层意思，那就是要正确地选定主攻方向，即所谓「并敌一向」、「乘人之不及，由不虞之道，攻其所不戒也」。简言之，集中兵力指向敌人既是要害而又虚弱的地方。具备了这两条，就达成了作战的突然性，即孙武所说：「此谓巧能成事者也。」

三、迅猛快速的作战行动，巧妙灵活地变换战术

常言说，时间就是军队。在实施突然袭击的进攻作战中，争取时间尤为重要。孙武明确地看到了优势的兵力再加上快速行动将会给作战的胜利带来事半功倍的效果，因而一再强调「动如脱兔，敌不及拒」，「兵之情主速」。他还看到，突然性与笨拙的指挥、僵化的陈规是背道而驰的。因此，他十分强调灵活的指挥、多变的战术，要求「践墨随敌，以决战事」，不要迟疑坐困，墨守成规。他说到，要「易其事，革其谋，使人无识；易其居，迂其途，使人不得虑」。行军布阵也要如常山之蛇，「击其首则尾至，击其尾则首至，击其中则首尾俱至」。

四、大胆坚决地深入重地，掠于饶野以解决供给

孙武关于突然袭击的主导思想是：以优势的兵力，快速的行动，多变的战术，出敌不意的时间、方向、地点，给敌以突然而沉重的打击，以一举打乱敌军指挥和部署，压制敌军士气和战斗力，收到「使敌人前后不相及，众

寡不相恃，贵贱不相救，上下不相收，卒离而不集，兵合而不齐」的效果，达到「威加于敌，故其城可拔，其国可毁」的目的。这一战略思想的客观依据，从纯军事角度看，就是当时的防御体系还不是绵亘的、多层次的大纵深防御体系，而是一种据点式的防御体系。唯其如此，才可能有孙武这一突然袭击的战略指导。但是，这种「去国越境而师」的作战，一个很大的问题是如何在不同的战略地区指挥部队胜利地作战，而不致军心涣散，丧失战斗意志。

我们知道，孙武及其所代表的新兴地主阶级，固然提出并采取了一些爱护士卒的主张和措施，但是，封建地主阶级的本质决定了官兵不可能有完全共同的利害和志愿，这是最基本的方面。因而，也就决定了孙武及其所代表的阶级必然要以「众陷于害」的反动政策强迫士兵为统治阶级卖命。在孙武看来，部队的心理状态是：在自己家乡附近、自己国家境内作战，斗志容易涣散，士兵容易逃亡。如果远离乡土，深入敌国腹地，处境危殆，那么，他们为了自己的生存，不得不死里求生，拼死作战。所谓「投之无所往，死且不北，死焉不得，士人尽力。兵士甚陷则不惧，无所往则固，深入则拘，不得已则斗」。他甚至说，即使是吴、越那样的仇敌，一旦同舟遇风，也会为了生存而暂时「相救如左右手」。

孙武基于这样一种剥削阶级愚兵政策的理论，因而提出了「凡为客之道，深则专，浅则散，」「投之亡地然后存，陷之死地而后生」的指导原则。这里的「深」与「浅」都是指进入敌国的距离。「专」与「散」就是指部队的巩固或涣散。这是对军事心理学最原始的考察。

孙武把地形分为九种：散地、轻地、争地、交地、衢地、重地、圮地、围地、死地。大别之可分为两类：一是自己国土内的「散地」，一是别人国土内的「绝地」。「绝地」又可分为三类：一是因地形而异的死地、围地、圮地和三国交界的衢地；二是深入敌国腹地的重地；三是因地形而异的轻地、争地、交地、衢地。

按照这样的分类，孙武的作战指导就是，以坚决果敢的行动，迅速把军队插入敌国腹心地区。为达此目的，他要求：一、在三国交界的衢地行军要搞好外交；二、在敌国浅近纵深的「轻地」要迅速通过，不作纠缠。他甚至即使是敌人战略前哨或要点的「争地」，也要巧妙迂回，决不旁骛。三、实行脱离后勤保障的无后方作战，依靠对敌国的抢掠来补充军食，即所谓「掠于饶野，三军足食」。这与他说过的「因粮于敌」「掠乡分众，廓地分利」等是一脉相承的，这正是封建军队阶级本质的表现，是必须剔除的糟粕。

最后，必须强调指出，无论孙武关于突然袭击的思想是属于战略范围还是战役范围，它都同现代帝国主义战争的突然袭击有着本质的区别。因为，孙武所说的战争是国内战争，其结果是有利于国家的统一和进步。当时诸侯列国的战争虽然也有是非曲直，但不同于现代意义的侵略和反侵略。相反，希特勒之流所鼓吹的突然袭击，则是对别国的侵略和蹂躏，是非正义的，是人类的灾难。这是我们必须划清的界限。

第十二章 火攻篇

【原文】

孙子曰：凡火攻有五①：一曰火人②，二曰火积③，三曰火辎④，四曰火库⑤，五曰火队⑥，行火必有因⑦，烟火必素具⑧。发火有时⑨，起火有日⑩。时者，天之燥也⑩；日者，月在箕、壁、翼、轸也⑪。凡此四宿者，风起之日也。

【注释】

① 凡火攻有五：火攻可分为五种情况。汉简本作"凡攻火有五"。
② 火人：火烧敌军人马。火，焚烧，用作动词，下同。张预注："焚彼营舍，以杀其士，火攻之先也。"
③ 火积：以火烧毁敌人的粮草积储。积，积储，这里指粮草。杜牧注："积者，积蓄也，粮食薪刍是也。"
④ 火辎：焚烧敌军的辎重装备。杜牧注："器械财货及军士衣装，在车中上道未止，曰辎，在城营垒已有止舍，曰库。"
⑤ 火库：焚烧敌军的库室仓储。库，仓库，府库。张预注："焚其府库，使财货不充。故曰军无财则士不来。"
⑥ 火队：焚烧敌军的后勤运输设施。队，通"隧"，即道路，此处指运输设施。贾林注："烧绝粮道及转运。"
⑦ 行火必有因：使用火攻必须具备相应的条件和环境。行，实行，进行。
⑧ 烟火必素具：火攻所需的器具燃料等物必须经常准备好。烟火，火攻用的器材。素具，平时就有准备。杜牧注："艾蒿荻苇薪刍膏油之属，先须修事以备用。兵法有火箭、火帘、火杏、火兵、火兽、火禽、火盗、火弩，凡此者皆可用也。"
⑨ 发火有时，起火有日：放火要根据季节气候方面的条件。时，季节，时令。
⑩ 时者，天之燥也：用火攻要在气候干燥的季节进行。燥，气候干燥。张预注："天时早燥，则火易燃。"
⑪ 日者，月在箕、壁、翼、轸也：日期要选定在月亮运行到箕、壁、翼、轸的方位时。箕、壁、翼、轸，四宿之名，同属于二十八宿。二十八宿都在赤道附近，中国古代天文学用作测天象的方位标准。古时天文学家认为月亮行经箕、

孙子兵法

【原文】

凡火攻，必因五火之变而应之①。火发于内，则早应之于外②。火发而兵静者，待而勿攻③，极其火力④，可从而从之，不可从而止⑤。火可发于外，无待于内，以时发之⑥。火发上风，无攻下风⑦。昼风久，夜风止⑧。凡军必知有五火之变，以数守之⑨。

【注释】

① 必因五火之变而应之：必须根据五种火攻所引起的敌情变化，及时地采取行动以进行策应。即五种火攻的方法。应，应付，策应。张预注：「因其火变，以兵应之。」

② 火发于内，则早应之于外：火从敌军内部引发，要及早在外面用兵策应。杜佑注：「以兵应之，使间人纵火于敌营内，当速进以攻其外也。」

③ 火发而兵静者，待而勿攻：火烧起来而敌军安静不乱，应先不急于发动进攻。张预注：「火虽发而兵不乱者，敌有备也，复防其变，故不可攻。」

④ 极其火力：使火势达到最旺的程度。

⑤ 可从而从之，不可从而止：杜佑注：「见利则进，知难而退。」王晳注：「伺其变乱而乘之；终不变乱，则

【译文】

孙武说：火攻的形式大致有五种：一是焚烧敌军的人马，二是焚烧敌军的粮草积聚，三是焚烧敌军的辎重装备，四是焚烧敌军的库室仓储，五是焚烧敌军的后勤运输设施。使用火攻必须具备相应的条件，火攻所用的器材必须经常准备好。放火要根据季节，起火要选择日期。所谓时令，要选在气候干燥的季节；所谓日期，是指月亮运行到「箕」、「壁」、「翼」、「轸」这四个星宿方位的时候。凡是月亮经过这四个星宿的日子，就是起风的时候。

壁、翼、轸这四个星宿时多风。梅尧臣注：「箕，龙尾也；壁，东壁也；翼、轸，鹑尾也。宿在者，谓月之所次也。四宿好风，月离必起。」所以下文说：「凡此四宿者，风起之日也。」但现代天文学认为，这种说法是没有科学根据的。

孙子兵法

【原文】

故以火佐攻者明①，以水佐攻者强。水可以绝②，不可以夺③。

【注释】

① 以火佐攻者明：用火来辅助攻战，可取得明显效果。佐，辅佐，帮助。明，梅尧臣注："明白易胜。"

② 水可以绝：用水可以隔断敌军。曹操注："可以绝敌道分敌军。"

③ 不可以夺：不能夺走敌军的物资积蓄。张预注："水止能隔绝敌军，使前后不相及，取其一时之胜，然不若火能焚夺敌之积聚，使之灭亡者。"

【译文】

凡是使用火攻，必须根据五种火攻方式所引起的敌情变化，及时采取行动以进行策应。从敌营内部放火，就要及早在外面用兵策应。火烧起后而敌军安静不乱，要观察等待，不应急于进攻，等火势达到最旺的程度，再根据情况可以进攻就进攻，不能进攻就停止。火如从外面引放，就不必等待内应，只要在适当的时机放火就可以。火势若在上风口，不可从下风处进攻。白天风刮的时间久，夜间就会风停。军队必须知道五种火攻方法的变化运用，掌握推算季节气候条件。

所以用火来辅助进攻的效果明显，用水来辅助进攻攻势强大。水可以隔断敌军，但不能夺取敌军的军需物资。

孙子兵法

【译文】

用火来辅助攻战，可取得明显效果，用水来辅助攻战，能加强攻势。水能分割、隔断敌军，但不能像火攻那样能夺去敌军的物资积蓄。

【原文】

夫战胜攻取，而不修其功者凶①。命曰费留②。故曰：明主虑之③，良将修之④。非利不动⑤，非得不用⑥，非危不战⑦。主不可以怒而兴师⑧，将不可以愠而致战⑨。合于利而动，不合于利而止⑩。怒可以复喜，愠可以复悦；亡国不可以复存，死者不可以复生⑪。故明君慎之，良将警之⑫，此安国全军之道也⑬。

【注释】

① 夫战胜攻取，而不修其功者凶：打了胜仗，夺取了城邑土地，而不能巩固胜利成果，将是危险的。梅尧臣注："欲战必胜攻必取者，在因时乘便，能作为功也。作为功者，修火攻水攻之类，不可坐守其利也。"

② 命曰费留：费留，耗费资财和时日。杜牧注："徒留滞费耗，终不成事也。"

③ 明主虑之：明智的君主要认真考虑用兵之事。虑，谋虑。

④ 良将修之：贤良的将帅要慎重处理征战之事。修，治理，处理。张预注："君当谋虑攻战之事，将当修举克捷之功。"

⑤ 非利不动：没有利可图则不行动。梅尧臣注："凡兵非利于民，不兴也。"

⑥ 非得不用：没有胜利把握就不用兵。得，取胜。用，用兵。

⑦ 非危不战：不是危急关头不开战端。李筌注："非至危不战。"

⑧ 主不可以怒而兴师：国君不能单凭出于愤怒而发兵。张预注："因怒兴师，不亡者鲜。"汉简本作"主不可

⑨ 将不可以愠而致战：将帅不能仅凭恼恨而开战。愠，恼怒，怨愤。致战，《太平御览》作"合战"。

⑩ 合于利而动，不合于利而止：合乎国家利益才行动，不合乎国家利益就停止。张预注："见胜则兴，不见胜则止。"

汉简本作"合于利而用，不合而止"。

⑪亡国不可以复存，死者不可以复生：杜佑注："凡主怒兴军伐人，无素谋明计，则破亡矣；将愠怒而斗，仓卒而合战，所伤杀必多。怒愠复可以悦喜，言亡国不可复存，死者不可复生者，言当慎之。"

⑫明君慎之，良将警之：国君和将帅应当以慎重警惕的态度对待用兵作战。

⑬此安国全军之道也：这是安定国家保全军队的根本道理。全军，保全军队，"全"字用作动词。张预注："君常慎于用兵，则可以安国。将常戒于轻战，则可以全军。"《通典》《太平御览》作"此安国之道也"。

【译文】

凡打了胜仗，攻取了土地城池，而不能够设法巩固胜利成果，将是危险的，这叫做"费留"。所以说，明智的国君应该慎重地考虑这个问题，贤良的将帅应该认真地对待这个问题。对国家没有利益不要行动，没有取胜的把握不易用兵，不到危急紧迫时刻不要开战。国君不能凭一时的恼怒而发动战争，将帅不能因一时怨愤而开启战端。合乎国家利益才能行动，不合乎国家利益则停止。恼怒还可以转变为欢喜，怨愤也可以转变为高兴。然而国家灭亡就不能存在，人死也不能再生。所以，对待战争，明智的国君一定要慎重，贤良的将帅一定要警惕，这些都是安定国家和保全军队的根本道理。

【品读】

"火攻"，顾名思义，就是以火攻敌。本篇主要论述火攻的种类、条件和方法。

值得注意的是，孙武所说的火攻，实质上讲的是以"火"助"攻"。这不仅可以从本篇的论述中看得出来，同时，孙武也明确指出"以火佐攻者明"。"佐攻"就是配合作战部队达到歼敌目的。这一思想，是与当时火药还未发明，火器还未出现的历史条件相一致的。因此，对于"火攻"的任何超越时代的类比和夸大都是不恰当的。

春秋时代典型的火攻战例并不很多。《春秋·鲁桓公七年（前705年）》提到的"焚咸丘"几乎可以看作是文献记载中最早的火攻战例。半个世纪后，火攻逐渐在战场上有所使用。例如公元前649年，戎狄等一度攻入周王室的京城，火烧王城的东门（《左传·僖公十一年（前639年）》提到"焚我郊保"（焚烧郊外的城堡）。又如，晋国的使臣提到秦国军队曾"焚我箕、郜（焚烧晋国的箕地和郜地）"（《左传·成公十三年（前578年）》）。

孙子兵法

上篇·原典释译

一二五

规模较大而又记载较为详细的是公元前555年的平阴之战。在这次战争的最后阶段，晋军等诸侯国军追击齐军时，"焚雍门及西郊、南郭"（烧了雍门的西边、南边的外城）；另一支部队"焚申池之竹林"，后又"焚东郭、北郭"（《左传·襄公十八年》）。除这个战例外，还可举出孙武曾亲自参加的前505年的吴楚战争。在这次战争中，楚军放火焚烧吴军辎重，接着投入主力，大败吴军。无疑，孙武通过这次战争，从反面吸取了有关火攻的历史教训。

可见，在春秋时代，火攻的运用是随着时间的推移而逐渐扩大规模的。孙武高明之处就在于，他发现了火攻在战争中的重要作用，并且将它作为专题加以阐述。这不能不看作是孙武具有远见卓识的表现。

孙武把以火助攻概括为五类。一是"火人"。文中连用五个"火"字，均用作动词。"火人"，直译就是火烧敌军有生力量。但是，当时既无以火药为燃料的燃烧性火器，更无管型火器或爆炸火器，显然是难以取得直接焚烧敌军官兵的效果的。因此，我们似应理解为它是指首先用火焚烧敌军营寨，然后投入主力，歼灭敌军。二是"火积"。孙武在《作战篇》中说过："无委积则亡"，因而有此主张。军队无粮食，马匹无草料，毫无疑问，必遭失败。公元前479年，楚国叛臣石乞主张焚烧府库，另一叛臣白公胜就反对，他说："焚库无积，将何以守？"（没有委积，还能用什么方法来防守呢？）三是"火辎"，即烧敌辎重。四是"火库"，即烧敌仓库。五是"火队"，即烧敌粮道。

火攻的条件就是天气干燥，风向适宜。孙武认为当月亮行经箕、壁、翼、轸四个星宿时，便会起风。这是个天文学上的问题，并不是迷信的说法。

关于火攻的方法，孙武主要讲的是里应外合问题。里应，就是从敌内部放火；外合，就是作战部队及时地、审慎地乘机发起攻击。用他的话说，就是"火发于内，则早应之于外"，"可从而从之，不可从而止"，"火发上风，无攻下风"。从这里我们更加明确地看到，孙武所说的火攻是以火助攻，其目的不过是为作战部队的进攻提供突然性，并造成敌人的不意与张皇失措。因此，孙武才得出这样的结论："以火佐攻者明。"

此外，孙武在本篇结尾部分谈到了要慎重启战的问题。如说"主不可以怒而兴师，将不可以愠而致战"，这对于战争的决策者无疑是有益的告诫。

第十三章 用间篇

【原文】

孙子曰：凡兴师十万，出征千里，百姓之费，公家之奉①，日费千金；内外骚动②，怠于道路③，不得操事者④，七十万家⑤。相守数年，以争一日之胜⑥，而爱爵禄百金⑦，不知敌之情者，不仁之至也⑧，非人之将也⑨，非主之佐也，非胜之主也⑩。故明君贤将，所以动而胜人⑪，成功出于众者，先知⑫也。先知者，不可取于鬼神⑬，不可象于事⑭，不可验于度⑮，必取于人，知敌之情者也⑯。

【注释】

① 公家之奉：公室负担的军费开支。公家，公室、国家。奉，供奉，此处指军队费用。

② 内外骚动：全国上下动乱不安。内外，指前方与后方。

③ 怠于道路：在路上运送军需物资的疲惫不堪。杜牧注：『怠，疲也。言七十万家奉十万之师，转输疲于道路也。』

④ 不得操事者：不能操持农事的。事，此处指农事。

⑤ 七十万家：曹操注：『古者八家为邻，一家从军，七家奉之。言十万之师举，不事耕稼者七十万家。』这里说明用兵对广大民众生产生活的影响。

⑥ 相守数年，以争一日之胜：对方相持多年，为的争一朝的胜利。相守，相持。

⑦ 而爱爵禄百金：如果吝惜爵禄和钱财。而，如果。爱，吝惜。爵，爵位、官位。禄，俸禄。杜牧注：『言不能以厚利使间也。』

⑧ 不仁之至也：不讲仁德达到了极点。张预注：『不以啗间求索知敌情者，不仁之甚也。』

⑨ 非人之将也：梅尧臣注：『非将人成功者也。』汉简本作『非民之将也』。

⑩ 非胜之主也：不是胜利的取得者。主，主宰者、主人。一说为君主。

⑪ 动而胜人：动用兵力就可以战胜敌人。动，举动，这里指出兵、用兵。梅尧臣注：『主不妄动，动必胜人。』

孙子兵法

⑫先知：事先察明敌军情况。

⑬不可取于鬼神：不能通过占卜、祭祀鬼神等迷信方法达到先知。张预注："不可以祷祀而取。"

⑭不可象于事：不能用对事物进行机械类比的方法去推测。张预注："不可以事之相类者拟象而求。"

⑮不可验于度：不能靠推算日月星辰的运行位置去判断敌情。验，验算，验证。度，度数，此处指日月星辰运行的位置。

⑯必取于人，知敌之情者也：必须取之于人，从熟悉了解敌军情况的人那里取得。

【译文】

孙武说：凡是出兵十万，千里征战，百姓们的耗费，国家的开支，每天要花费千金，举国上下纷乱不安，民众为运输物资而在路上疲惫地奔波，因而无法进行耕作生产的，就有七十万家。战争双方相持多年，是为了争一朝胜利，如果吝惜爵位俸禄和钱财，不肯重用间谍，以致因不能了解敌军情况而失败，那就是不讲仁德到了极点。这样的人不配作军队的将帅，不能成为胜利的主宰者。英明的国君和贤良的将帅之所以一出兵就能战胜敌人，功业超出于众人之上，在于他们能预先了解敌情。而要做到预先了解敌情，不可用迷信鬼神或占卜问卦的方式取得，不可用以前相似的事情作类比，也不可从观察日月星辰运行位置的度数去验证，必须从熟悉了解敌情的人那里去获得。

【原文】

故用间有五：有因间，有内间，有反间，有死间，有生间。五间俱起，莫知其道①，是谓神纪②，人君之宝③也。因间者，因其乡人而用之④。内间者，因其官人而用之⑤。反间者，因其敌间而用之⑥。死间者，为诳事于外⑦，令吾间知之，而传于敌间也⑧。生间者，反报也⑨。

【注释】

①五间俱起，莫知其道：五种间谍同时发挥作用，能使敌人无法摸清其中的规律。梅尧臣注："五间俱起以间敌，而莫知我用之之道。"

②是谓神纪：这可称作神秘莫测的法则。是，这。纪，法则，道理。神纪，神秘莫测的道理。贾林注："纪，理也。"

③人君之宝：是国君的法宝。人君，国君、君主。

言敌人俱莫知我以何道，如通神理也。"

④因间者，因其乡人而用之：所谓因间，是利用敌国的当地人作为间谍。因，凭借、根据，此处指利用。乡人，本地之人，一说即乡大夫的略称，是春秋战国时的地方官。杜牧注："因敌乡人，知敌表里虚实之情，故就而用之，可使伺候也。"

⑤内间者，因其官人而用之：所谓内间，是利用敌国的官吏为间谍。官人，此处指敌国的官僚吏员。杜牧注："敌之官人，有贤而失职者，有过而被刑者，亦有宠嬖而贪财者，有屈在下位者，有不得任使者，有欲因败丧以求展己之材能者，有翻覆变诈常持两端之心者。如此之官，皆可以潜通问遗，厚赐金帛而结之，因求其国中之情，察其谋我之事，复间其君臣使不和同也。"可谓分析透彻。

⑥反间者，因其敌间而用之：所谓反间，就是收买敌方的间谍为我方的间谍，成为我方的间谍。张预注："敌有间来，或重赂厚礼以结之，告以伪辞。或佯不知，疏而慢之，示以虚事，使之归报，则反为我利也。"

⑦为诳事于外：有意向外散布虚假情报。杜佑注："作诳诈之事于外，佯泄漏之。"

⑧令吾间知之，而传于敌间也：让我方间谍知道故意散布泄漏的虚假情报，并传给敌方间谍，以使敌人中计。王皙注："诈而间，使敌得之，间以吾诈告敌，事决必杀之也。"

⑨生间者，反报也：所谓生间，就是能够活着回来报告敌情的人。反，同"返"，返回。杜佑注："择己之有贤材智能，能自开通于敌之亲贵，察其动静，知其事计所为，已知其实，还以报我，故曰生间。"

【译文】

使用间谍的方式有五种：即因间、内间、反间、死间、生间。如果五种间谍都同时发挥作用，能使敌人无法摸清其中的规律，这是神秘莫测的方法，是君主克敌制胜的法宝。所谓"因间"，是利用敌国的当地人作为间谍。所谓"内间"，是收买利用敌方的官吏作为间谍。所谓"反间"，是指利用敌方派来的间谍为我所用。所谓"死间"，

孙子兵法

是指故意散布虚假情报，让我方间谍知道而传给敌方间谍，以诱使敌人中计，事发后往往被敌人处死。所谓"生间"，是指能够活着回来报告敌情的人。

【原文】

故三军之事，莫亲于间①，赏莫厚于间②，事莫密于间③。非圣智不能用间④，非仁义不能使间⑤，非微妙不能得间之实⑥。微哉微哉⑦！无所不用间也。间事未发，而先闻者，间与所告者皆死⑧。

【注释】

①三军之事，莫亲于间：全军上下没有比间谍更亲信的。杜佑注："若不亲抚，重以禄赏，则反为敌用，泄我情实。"汉简及《通典》《太平御览》皆作"三军之亲，莫亲于间"。

②赏莫厚于间：赏赐没有比间谍更优厚的。张预注："非高爵厚利，不能使间。"

③事莫密于间：了解军务内情没有比间谍更为机密的。杜佑注："间事不密，则为己害。"

④非圣智不能用间：没有超人的智慧，不能够使用间谍。圣智，超凡杰出的才智。王皙注："圣，通而先识；智，明于事。"

⑤非仁义不能使间：如若吝惜赏赐，不能以诚相待，就不能使用间谍。仁义，此处指不吝封赏，以诚相待。张预注："仁则不爱爵赏，义则果决无疑。既啖以厚利，又待以至诚，则间者竭力。"

⑥非微妙不能得间之实：如不是用心精细、手段巧妙，就不能从间谍方面获取真实的情报。微妙，精细巧妙。实，实情。梅尧臣注："防间反为敌所使，思虑故宜几微臻妙。"《通典》《太平御览》"微妙"作"微密"。

⑦微哉微哉：微妙啊，微妙！梅尧臣注："微之又微，则何所不知。"

⑧间事未发，而先闻者，间与所告者皆死：用间的计谋尚未施行，如果走漏了消息，那么间谍和知情者必须处死。陈皞注："间者未发其事，有人来告其闻者，所告者亦与间者俱杀以灭口，无令敌人知之。"

【译文】

所以全军上下，没有比间谍更亲信的，论奖赏没有比间谍更加优厚的，了解军机内情没有比间谍更机密的。没有有超人的才智，不能够使用间谍，吝惜封赏不推诚待人者也不能从间谍方面获取真实的情报。微妙啊，微妙！无时无处不可以使用间谍。用间的计谋尚未施行，如果泄漏了机密，那么间谍和知道了机密的人必须处死。

【原文】

凡军之所欲击，城之所欲攻，人之所欲杀，必先知其守将、左右、谒者、门者、舍人①之姓名，令吾间必索知②之。

【注释】

①守将、左右、谒者、门者、舍人：守将，守城将领。左右，守城将领的身边亲随。谒者，负责通报传达的官吏。舍人，守门的官吏。杜牧注：「凡欲攻战，必须知敌所用之人贤愚巧拙，则量材以应之。」

②索知：侦察探明。索，侦察，探听。

【译文】

对于凡是要攻击的敌军，要攻占的敌国城邑，要杀掉的敌方人员，必须事先了解主管将领、左右亲信、通报传达官吏、守门官吏以及门客幕僚的姓名，让我方间谍务必将这些情况侦察清楚。

【原文】

必索敌人之间来间我者①，因而利之②，导而舍之③，故反间可得而用也。因是而知之④，故乡间、内间可得而使也⑤。因是而知之，故死间为诳事，可使告敌⑥。因是而知之，故生间可使如期⑦。五间之事，主必知之，知之必在于反间，故反间不可不厚也⑧。

【注释】

①必索敌人之间来间我者：必须搜查出敌方派来刺探我情报的间谍。《通典》、《太平御览》无「必索」二字。武经本作「必索敌间之来间我者」。

②因而利之：乘机收买利用敌方间谍。

③导而舍之：设法对敌间进行开导，然后交给他任务，放他回去。导，劝导，开导。舍，释放、放开。

孙子兵法

④ 因是而知之：从反间那里了解敌方情况。是，此处指反间。杜佑注：“因反间而知敌情。”

⑤ 乡间、内间可得而使也：乡间、内间可以得到更有效的使用。乡间，即上文所说的"因间"，因为以敌方"乡人"为间，故又称"乡间"。梅尧臣注："其国人之可使者，其官人之可用者，皆因反间而知之。"

⑥ 死间为诳事，可使告敌：这样就可以使死间把假情报传给敌人。张预注："因是反间，知彼可诳之事，使死间往告之。"《通典》《太平御览》在此句下有"因是可得而攻也"句。

⑦ 生间可使如期：可以使生间按时返回汇报敌情。如期，按期。张预注："因是反间知彼之情，故生间可往复如期也。"

⑧ 反间不可不厚也：五种间谍中，反间是最重要的，所以不能不给予优厚的待遇。厚，厚待。杜牧注："乡间、内间、死间、生间四间者，皆因反间知敌情而能用之，故反间最切，不可不厚也。"

【译文】

必须搜查出敌方派来刺探我情报的间谍，以便乘机收买利用，加以劝导后放回。这样，反间就能够为我所用了。通过反间可以得知敌情，因而乡间、内间可以得到有效的使用。通过反间可以得知敌情，因而可以使死间把假情报传给敌人。通过反间可以得知敌情，因而可以使生间按期返回汇报敌情。对于五种间谍的使用，主持者都必须掌握了解情况最重要的在于使用反间，所以对反间不能不给予优厚的待遇。

【原文】

昔殷之兴也①，伊挚在夏②；周之兴也，吕牙在殷③。故惟明君贤将，能以上智为间者④，必成大功。此兵之要⑤，三军之所恃而动也⑥。

【注释】

① 昔殷之兴也：殷，殷朝，即商朝。公元前17世纪，商汤灭夏桀，建立商朝，以亳（今河南商丘北）为都。商王盘庚迁都至殷（今河南安阳），所以又称殷朝。兴，兴起。

② 伊挚在夏：伊挚，即伊尹。原为夏桀的臣下，商汤任用他为相，打败了夏桀。夏，夏朝。

③吕牙在殷：吕牙，即吕尚，又叫姜尚，字子牙。曾为殷纣王的臣下。周武王姬发伐纣时，任用他为『师』，打败了纣王。

④以上智为间者：用具有很高智谋的人做间谍的。上智，有高超智谋的人。

⑤此兵之要：要，要害，关键。

⑥三军之所恃而动也：整个军队都要依靠间谍所提供的情报来采取行动。恃，依靠。杜牧注：『不知敌情，军不可动。』

【译文】

过去商朝的兴起，是由于重用了在夏为臣、了解夏朝内情的伊挚；周朝的兴起，是由于重用了曾在殷朝为官、熟知殷朝内情的吕牙。所以，明智的君主和贤能的将帅，如能任用智谋高超的人作为间谍，一定能成就大功业。这是用兵运筹的关键所在，整个军队都要依靠间谍所提供的情报来采取行动。

【品读】

《用间》讲的是战略侦察，而不是讲一般的使用间谍或战场侦察问题。所谓战略侦察，其内容不仅仅限于军事战略侦察的范围，它还包括对敌国政情的了解。

正因为《用间》所论述的是这样一个关乎战争胜败的全局问题，所以孙武对它的重要性非常重视。他说：『故明君贤将，所以动而胜人，成功出于众者，先知也。先知者，不可取于鬼神，不可象于事，不可验于度，必取于人，知敌之情者也。』就是说，战争的胜利在于预先了解敌情，而预先了解敌情在于战略侦察的正确。因此，战略侦察是决定战争胜利的重要因素。

但是，进行战略侦察要派出大量的、各种类型的间谍，去做形形色色的谍报工作。这当然要耗费金钱。孙武认为，为了战略侦察的成功进行，耗费『爵禄百金』是必要的。他用战争久拖不决的种种巨额耗费与用间的耗费作了详细的对比：『凡兴师十万，出兵千里，百姓之费，公家之奉，日费千金，内外骚动，怠于道路，不得操事者七十万家，相守数年，以争一日之胜。』从这一番描绘可以看出，孙武的用意是说，之所以造成这种『相守数年』劳民伤财的战争，就是由于没有很好地进行预先的战略侦察，就是由于执政者吝惜『爵禄百金』，因小失大，舍本求末的结果。因此，他以痛斥的口吻大声疾呼：『不知敌之情者，不仁之至也，非人之将也，非主之佐也。』

孙武把间谍分为五类，即因间、内间、反间、死间、生间。这五间之中，最重要的是反间。因为反间是被我收买利用的敌间，他掌握着大量的情报。因此，孙武主张对反间要不惜重金收买，给予优厚待遇，所谓『五间之事，主必知之，知之必在于反间，故反间不可不厚也』。

孙武指出，派出间谍进行战略侦察，是一项十分机密的工作。因此，对谍报人员要特殊看待，在感情上要特别亲近，『三军之亲，莫亲于间』；在奖励上要特别优厚，『赏莫厚于间』；在使用上要特别信任，『事莫密于间』。

非仁义不能使间，非微妙不能得间之实』。

关于用间的方法，他认为利用好『反间』是『五间俱起』的关键。只有策反敌间，为我所用，才能使乡间、内间、死间、生间顺利地完成各自受领的任务。

孙武提出，在间谍的人选中，最理想、最重要的是『以上智为间』。他举例说，称得起『上间』的人，就是伊挚（伊尹）和吕牙（姜太公）那样的人。因为伊挚是夏桀的大臣，吕牙是商纣的大臣，都是洞悉夏、商政治、军事战略情报而又睿智聪颖的人物。商汤和周武王分别以他二人为相、为师，所以能『必成大功』。孙武最后得出结论进行战略侦察，『此兵之要，三军所恃而动也』，在战争中具有举足轻重的地位。

《孙子兵法》以《用间》收束全书，不仅与战略决策的《始计篇》相互辉映，同时也使我们看到，『先胜而后求战』的『全胜』思想是始终如一、一贯到底的。《孙子兵法》问世两千多年后的今天，我们学习它，不能不为它博大精深的内容，庄重严谨的结构，浑然如一的体系而惊羡不已，更不能不为我们中华民族产生这样一部伟大的军事典籍而感到自豪和骄傲！

下篇·名家阐微

第一章 计 篇

一、曹操注《孙子兵法·计篇》

曹操曰：计者，选将、量敌、度地、料卒、远近、险易，计于庙堂也。

孙子曰：兵者，国之大事。

死生之地，存亡之道，不可不察也。

故经之以五事，校之以计而索其情。

曹操曰：谓下五事七计，求彼我之情也。

一曰道。

二曰天。

三曰地。

四曰将。

五曰法。

道者，令民与上同意也。

故可以与之死，可以与之生，而不畏危。

曹操曰：谓道之以教令。危者，危疑也。

天者，阴阳、寒暑、时制也。

曹操曰：顺天行诛，因阴阳四时之制。故《司马法》曰：'冬夏不兴师，所以兼爱民也。'

地者，远近、险易、广狭、死生也。

曹操曰：言以九地形势不同，因时制利也。论在《九地篇》中。

将者，智、信、仁、勇、严也。

曹操曰：将宜五德备也。

法者，曲制、官道、主用也。

曹操曰：部曲、幡帜、金鼓之制也。官者，百官之分也。道者，粮路也。主者，主军费用也。

凡此五者，将莫不闻。知之者胜，不知者不胜。

故校之以计而索其情。

曰：主孰有道？

曹操曰：道德智能。

曹操曰：同闻五者，将知其变极，即胜也。索其情者，胜负之情。

将孰有能？

天地孰得？

曹操曰：天时、地利。

法令孰行？

赏罚孰明？

士卒孰练？

兵众孰强？

曹操曰：设而不犯，犯而必诛。

吾以此知胜负矣。

曹操曰：以七事计之，知胜负矣。

将听吾计，用之必胜，留之；将不听吾计，用之必败，去之。

曹操曰：不能定计，则退而去也。

计利以听，乃为之势，以佐其外。

曹操曰：常法之外也。

势者，因利而制权也。

曹操曰：制由权也，权因事制也。

兵者，诡道也。

曹操曰：兵无常形，以诡诈为道。

故能而示之不能。

用而示之不用。

近而示之远，远而示之近。

利而诱之。

乱而取之。

实而备之。

曹操曰：敌治实，须备之也。

强而避之。

曹操曰：避其所长也。

怒而挠之。

曹操曰：待其衰懈也。

卑而骄之。

佚而劳之。

曹操曰：以利劳之。

亲而离之。

曹操曰：以间离之。

攻其无备,出其不意。

曹操曰:击其懈怠,出其空虚。

此兵家之胜,不可先传也。

曹操曰:传,犹泄也。兵无常势,水无常形,临敌变化,不可先传也。故料敌在心,察机在目也。

夫未战而庙算胜者,得算多也;未战而庙算不胜者,得算少也。多算胜,少算不胜,而况于无算乎!吾以此观之,胜负见矣。

曹操曰:以吾道观之矣。

二、杜佑注《孙子兵法·计篇》

孙子曰:兵者,国之大事。

死生之地,存亡之道,不可不察也。

故经之以五事,校之以计而索其情

一曰道。

二曰天。

三曰地。

四曰将。

五曰法。

道者,令民与上同意也。

故可以与之死,可以与之生,而不畏危。

杜佑曰:谓导之以政令,齐之以礼教也。危者,疑也。上有仁施,下能致命也。故与处存亡之难,不畏倾危之败。

若晋阳之围,沈灶产蛙,人无叛疑心矣。

天者,阴阳、寒暑、时制也。

杜佑曰：谓顺天行诛，因阴阳四时刚柔之制。

地者，远近、险易、广狭、死生也。

将者，智、信、仁、勇、严也。

法者，曲制、官道、主用也。

凡此五者，将莫不闻。知之者胜，不知者不胜。

故校之以计而索其情。

曰：主孰有道？

杜佑曰：主，君也；道，道德也。必先考校两国之君，谁知谁否也。若荀息料虞公贪而好宝，宫之奇懦而不能强谏是也。

将孰有能？

天地孰得？

杜佑曰：视两军所据，知谁得天时地利。

法令孰行？

杜佑曰：发号出令，校孰下不敢犯。

兵众孰强？

士卒孰练？

杜佑曰：知谁兵器强利、士卒简练者。故王子曰：『士不素习，当陈惶惑；将不素习，临陈闇变。』

赏罚孰明？

杜佑曰：赏善罚恶，知谁分明者？故王子曰：『赏无度，则费而无恩；罚无度，则戮而无威。』

吾以此知胜负矣。

将听吾计，用之必胜，留之；将不听吾计，用之必败，去之。

计利以听，乃为之势，以佐其外。

势者，因利而制权也。

兵者，诡道也。

故能而示之不能。

用而示之不用。

杜佑曰：言已实能、用，外示之以不能、不用，使敌不我备也。若孙膑减灶而制庞涓。

近而示之远，远而示之近。

杜佑曰：欲近而设其远也，欲远而设其近也。诳耀敌军，示之以远，本从其近，若韩信之袭安邑。

利而诱之。

乱而取之。

实而备之。

强而避之。

怒而挠之。

杜佑曰：彼府库充实，士卒锐盛，则当退避以伺其虚懈，观变而应之。

卑而骄之。

杜佑曰：彼其举国兴师，怒而欲进，则当外示屈挠，以高其志，俟惰归，要而击之。故王子曰：『善用法者，如狸之与鼠，力之与智，示之犹卑，静而下之。』

佚而劳之。

亲而离之。

杜佑曰：以利诱之，使五间并入，辩士驰说，亲彼君臣，分离其形势。若秦遣反间，欺诳赵君，使废廉颇，而任赵奢之子，卒有长平之败。

攻其无备，出其不意。

此兵家之胜，不可先传也。

夫未战而庙算胜者，得算多也；未战而庙算不胜者，得算少也。多算胜，少算不胜，而况于无算乎！吾以此观之，胜负见矣。

三、李筌注《孙子兵法·计篇》

李筌曰：计者，兵之上也。太一遁甲先以计神加德宫，以断主客成败。故孙子论兵，亦以计为篇首。

孙子曰：兵者，国之大事。

李筌曰：兵者，凶器。死生存亡，系于此矣。是以重之，恐人轻行者也。

死生之地，存亡之道，不可不察也。

故经之以五事，校之以计而索其情。

李筌曰：谓下五事也。校，量也。量计远近而求物情以应敌。

一曰道。

二曰天。

三曰地。

四曰将。

五曰法。

道者，令民与上同意也。

李筌曰：危，亡也。以道理众，人自化之。得其同用，何亡之有！故可以与之死，可以与之生，而不畏危。

天者，阴阳、寒暑、时制也。

李筌曰：应天顺人，因时制敌。

地者，远近、险易、广狭、死生也。

李筌曰：得形势之地，有死生之势。

将者，智、信、仁、勇、严也。

李筌曰：此五者，为将之德，故师有丈人之称也。

法者，曲制、官道、主用也。

李筌曰：曲，部曲也。制，节度也。官，爵赏也。道，路也。主，掌也。用者，军资用也。皆师之常法，而将所治也。

凡此五者，将莫不闻。知之者胜，不知者不胜。

故校之以计而索其情。

曰：主孰有道？

李筌曰：孰，实也。有道之主，必有智能之将。范增辞楚，陈平归汉，即其义也。

将孰有能？

天地孰得？

法令孰行？

兵众孰强？

士卒孰练？

赏罚孰明？

吾以此知胜负矣。

将听吾计，用之必胜，留之；将不听吾计，用之必败，去之。

计利以听，乃为之势，以佐其外。

李筌曰：计利既定，乃乘形势之势也。佐其外者，常法之外也。

孙子兵法

势者，因利而制权也。

李筌曰：谋因事势。

兵者，诡道也。

李筌曰：军不厌诈。

故能而示之不能。

用而示之不用。

李筌曰：言已实用师，外示之怯也。汉将陈豨反，连兵匈奴，高祖遣使十辈视之，皆言可击。复遣娄敬，报曰："匈奴不可击。"上问其故。对曰："夫两国相制，宜矜夸其长。今臣往，徒见羸老。此必能而示之不能，臣以为不可击也。"高祖怒曰："齐虏以口舌得官，今妄沮吾众"！械娄敬于广武，以三十万众至白登，高祖为匈奴所围，七日乏食。此师外示之以怯之义也。

近而示之远，远而示之近。

李筌曰：令敌失备也。汉将韩信虏魏王豹，初陈舟欲渡临晋，乃潜师浮木罂，从夏阳袭安邑，而魏失备也。耿弇之征张步，亦先攻临淄。皆示远势也。

利而诱之。

乱而取之。

李筌曰：敌贪利必乱也。秦王姚兴征秃发傉檀，傉檀悉驱部内牛羊，散发于野，纵秦人虏掠。秦人得利，既无行列，傉檀阴分十将，掩而击之，大败秦人，斩首七千余级。乱而取之之义也。

实而备之。

李筌曰：备敌之实。蜀将关羽欲围魏之樊城，惧吴将吕蒙袭其后，乃多留备兵守荆州。蒙阴知其旨，遂诈之以疾：羽乃撤去备兵，遂为蒙所取，而荆州没吴。则其义也。

强而避之。

李筌曰：量力也。楚子伐随，随之臣季梁曰："楚人上左，君必左。无与王遇，且攻其右。右无良焉，必败。偏败，众乃携矣。"少师曰："不当王，非敌也。"不从。随师败绩，随侯逸。攻强之败也。

怒而挠之。

李筌曰：将之多怒者，权必易乱，性不坚也。汉相陈平谋挠楚，权以太牢具进楚使，惊曰："是亚父使邪？乃汉王使邪？"此怒挠之者也。

卑而骄之。

李筌曰：币重而言甘，其志不小。后赵石勒称臣于王浚，浚曰："石公来，欲奉我耳。敢言击者斩"！设飨礼以待之。勒乃驱牛羊数万头，声言上礼，实以填诸街巷，使浚兵不得发。乃入蓟城，擒浚于厅，斩之而并燕。卑而骄之，则其义也。

佚而劳之。

李筌曰：敌佚而我劳之者，善功也。吴伐楚，公子光问计于伍子胥。子胥曰："可为三师以肄焉。我一师至，彼必尽众而出；彼出我归。亟肆以疲之，多方以误之，然后三师以继之，必大克。"从之。楚于是乎始病吴矣。

亲而离之。

李筌曰：破其行约，间其君臣，而后攻也。昔秦伐赵，秦相应侯间于赵王曰："我惟惧赵用括耳，廉颇易与也。"赵王然之，乃用括代颇，为秦所坑卒四十万于长平。则其义也。

攻其无备，出其不意。

李筌曰：击懈怠，袭空虚。

此兵家之胜，不可先传也。

李筌曰：无备不意，攻之必胜，此兵之要，秘而不传也。

夫未战而庙算胜者，得算多也；未战而庙算不胜者，得算少也。多算胜，少算不胜，而况于无算乎！吾以此观之，胜负见矣。

李筌曰：夫战者，决胜庙堂，然后与人争利，凡伐叛怀远，推亡固存，兼弱攻昧，皆物情之所出，中外离心，如商周之师者，是为未战而庙算胜。太一遁甲置算之法，因六十算已上为多算，六十算已下为少算，客多算临少算，主人败；客少算临多算，主人胜。此皆胜败易见矣。